관광객 행동의 이해

박진영 · 홍경옥 · 서보익 공저

남두도서

欲爲大者 當爲人役

크고자 하거든 남을 섬기라

머리말

관광학이 하나의 학문으로서 자리잡고 연구되어온 지도 어느덧 오랜 세월이 흘렀다. 최근에는 관광학에 기업의 마케팅 개념이 도입되고, 관광객도 고객의 관점에서 바라보게 되었다. 예전의 관광객을 기다리는 관광에서, 이제는 관광객의 요구를 먼저 파악하고 관광객을 유인하는 적극적인 마케팅의 개념이 도입된 것이다.

이에 다양한 마케팅 전략만큼 중요하게 된 것은 관광객들의 욕구를 파악하는 것이고, 이를 위해서는 관광객의 내적·외적 특성들을 파악하는 것이 매우 중요하다. 관광객들의 행동은 심리학, 사회학, 인류학, 통계학, 문화학, 관광학, 경영학 등 다양한 분야가 복합적으로 섞인 사회현상으로 볼 수 있다.

따라서 이를 연구하기 위해서는 이러한 여러 가지 분야의 전문적인 지식이 필요할 것이다. 또한 관광객들의 행동을 조절하는 눈에 보이지 않는 심리상태를 파악하기 위해서 관광조사라는 전문적인 분야의 지식들도 필요하다.

이 책은 이러한 필요성에 근거하여 관광객행동에 대한 이해를 높이고, 이를 통하여 관광객들의 욕구를 분석하고, 다양하고 적절한 마케팅 전략을 수립하기 위한 전문적인 지식서로서 발간하게 되었다.

특히 관광객들의 행동에 영향을 미치는 요인을 내적·환경적 요인으로 구분하여 설명하였다. 즉 관광객들의 행동에 영향을 미치는 내적 요인으로 관광객의 지각, 학습, 동기, 성격, 태도를 제시하였고, 이에 대한 구체적인 기초지식 및 관광 분야의 다양한 연구사례들을 수록하였다. 그리고 관광객들의 행동에 영향을 미치는 환경적 요인들로 준거집단, 사회계층, 가족 등에 대한 기초지식 및 연구사례들을 제시하였다.

저자는 교단에서 '관광객행동론'이라는 강의를 하면서, 관광학 분야에서 관광객에 대한 행동분석의 중요성에 비하여 발간된 전문서적이 부족함을 많이 느꼈다. 이에 다년간에 걸쳐 필요한 자료들을 수집하고 정리하여 이 책을 출간하게 되었다. 특히 이 책의 특징은 관광학 분야에서 연구된 다양한 관련 연구들을 사례로써 많이 제시하고 있다. 관광객행동의 이해에 상당한 도움이 되리라고 생각된다.

마지막으로 이 책이 만들어지기까지 많은 격려와 도움을 주신 여러분들께 감사를 드리며, 아울러 출판에 도움을 주신 남두도서의 임직원 여러분께도 감사를 드린다.

저자 씀

차 례

제 4 장_지각과 관광행동 / 67

제 5 장_학습과 관광행동 / 115

제 6 장_성격과 관광행동 / 145

제 7 장_동기와 관광행동 / 169

제 8 장_태도와 관광행동 / 191

제 9 장_사회문화적 영향요인과 관광행동 / 201

제 10 장_관광 인터넷 소비자행동 / 233

제 11 장_분야별 선택속성 / 245

제 1 장 심리학의 개요

현대사회가 매우 복잡해지고 빠른 속도로 변해감에 따라 심리학은 인간문제들을 해결하는 데 큰 역할을 하게 되었다. 오늘날의 심리학은 모든 학문과 관련을 갖고 거의 모든 영역을 다루게 되었으며, 따라서 심리학자들은 참으로 다양한 분야에서 여러 문제들에 관계하게 되었다.

관광 분야에서도 관광객에 대한 연구를 중심으로 최근 많은 연구가 이루어지고 있으나 관광객행동에 대한 연구는 일반심리학에서 많은 이론을 들여왔다. 따라서 관광객행동론을 이해하기 위해서는 일반심리학의 개념 및 발전과정을 살펴볼 필요가 있다.

1-1 심리학의 개념

심리학이 철학으로부터 분리되어 발전되기 시작할 당시의 심리학자들은 심리학을 "정신활동에 관한 연구"라고 정의하였다. 특히 Wundt (1892), James(1890) 등 초기 심리학자들은 심리학을 정신생활에 관한 과학으로서 내적인 경험(감각·감정·의욕)을 포함하는 연구를 강조하였다. 그러나 최근에 와서 심리학은 "인간행동을 이해하기 위해 기억의 구조와 정신과정을 과학적으로 분석하는 학문"이라는 정의가 비교적 널리 받아들여지고 있다.

이 정의에는 행동과 정신과정, 그리고 과학적이라는 중요한 개념들을 포함하고 있는데 여기에는 첫째, 행동은 관찰 가능하며, 측정·기록될 수 있는 행동이어야 한다. 둘째, 정신과정은 직접 관찰할 수 없으나 신경·생리학적으로 기초자료를 통해 객관적으로 연구할 수 있는 지각·기억·사고·정서·동기·꿈 그리고 신념 등을 포함한다. 셋째, 과학적 방법을 통해 체계적으로 연구한다는 의미가 강조되어 있다.

이처럼 심리학의 정의는 시대에 따라, 그리고 학자에 따라 연구주제와 대상이 변하면서 차이를 보이고 있다. 그러나 심리학을 포괄적으로 이해하기 위해서는 인간의 심리뿐만 아니라 행동을 포함한 인간(human)과 인간사(human affairs) 전체를 연구하는 학문이라는 인식이 필요하다.

심리학이 무엇인가에 대해서는 한마디로 표현하기가 어렵다. 그러나 간략하게 말한다면 심리학이란 "인간의 마음과 행동을 연구하는 학문"이라고 할 수 있을 것이다.

여기서 중요한 것은 마음과 행동이다. 마음은 우리가 일상생활에서 경험하고 있고, 또 경험할 수 있는 현실의 심적・정신적 과정이다. 그런데 마음은 인간의 내면에 존재하는 것이기 때문에 관찰하기가 매우 어렵다. 특히 타인의 마음을 연구하는 것은 더욱 어려울 것이다. 이러한 이유로 행동에 대한 관심이 커지게 되었다. 행동이란 내면의 세계가 일부 표출되는 것이기 때문에 그것을 통해 인간의 마음을 읽어볼 수가 있다.

심리학에서는 외부에서 직접 관찰할 수 있는 행동과 그러한 행동의 결과 및 자기가 직접 느끼는 의식이나 체험 등을 포함한 마음의 작용이 연구대상이다[그림 1-1].

Psychology = Psyche + logos

心理學 　　心 + 理 + 學

(인간의 행동과 심리과정을 과학적으로 연구하는 학문)

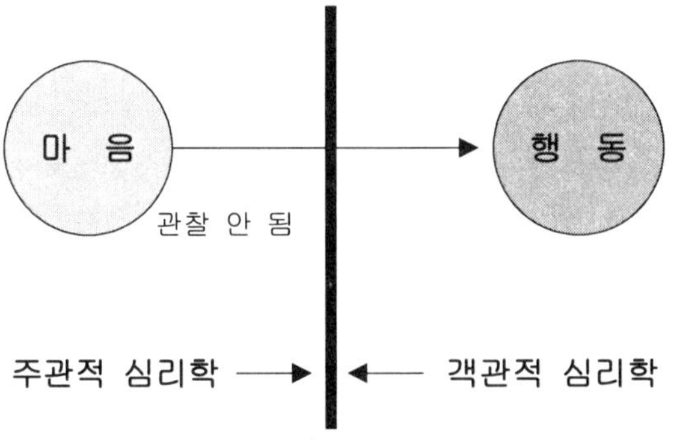

[그림 1-1] 심리학의 정의

1-2 심리학의 기원

심리학의 기원은 오래되었지만, 두뇌의 역할에 대한 관심은 Phineas Gages라는 사람에게 있었던 사고로부터 본격적으로 시작되었다(Myers, 1986).

미국에서 19세기는 서부로 뻗어나가는 개척시대였으므로 철도공사가 한참이었다. Gage는 25살의 철도 공사판 작업반장이었다. 1848년 어느 날 오후에 그는 터널을 뚫기 위하여 바위에 구멍을 내어 쇠막대기로 화약을 채워놓고 있었다. 그런데 쇠막대기가 바위에 잘못 부딪쳐, 불꽃이 튀면서 화약이 폭발하여 길이 1m가 넘는 쇠막대기가 튕겨나갔다. 그 쇠막대기는 Gage의 왼쪽 뺨 밑으로 들어가 구대골의 앞 부분을 관통하였다[그림 1-2].

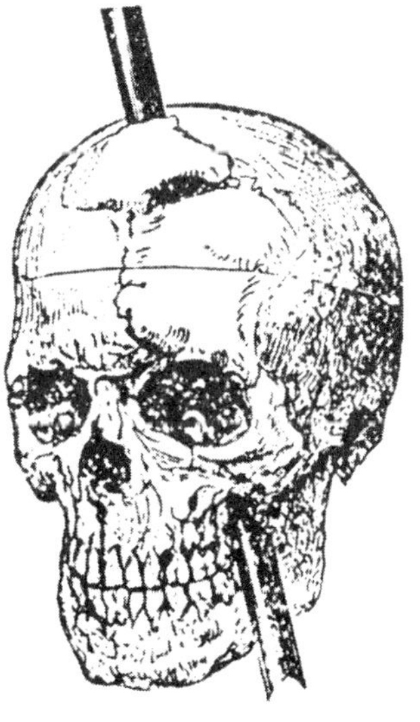

〔그림 1-2〕 Gage의 두개골(하버드대학 박물관 소재)

그런데 놀랍게도, 그는 죽지 않았을 뿐 아니라 말도 할 수 있었고, 기억의 손상도 거의 없었으며, 부상이 치료된 후에는 얼굴에 쇠막대기를 꽂은 채 다시 일하러 나올 정도였다. 다만 바뀐 것은 상냥하고 차분하던 사람이 성급하고 변덕스러운 성격의 소유자로 급변한 것이었다. 이제 광폭한 사람으로 변한 그는 직업을 가질 수 없어, 유원지 등에서 기다란 쇠막대가 꽂힌 자신의 얼굴을 보여주고 적선을 받아가며 30년을 더 살았다.

이 우연한 사건은 그때까지 두뇌가 하는 일이 무엇인지 잘 모르던 사람들에게, 성격을 통제하는 기능이 생각하고 기억하며 말하는 기능과 다른 것임을 처음으로 인식시키게 되었다.

다시 말해, 그 당시에는 자세히 알 수 없었지만, Gage가 다친 뇌의 부분이 성격통제와 관련된 것 같다는 생각을 갖게 되었다 또한 성격통제라는 두뇌작용과 생각하고 기억하며 말하는 기능, 즉 오늘날 인지(cognition)라고 알려진 두뇌작용은 서로 다른 기능일 것이라는 짐작을 하기에 이르렀다. 두뇌의 각 부분이 하는 일이 다르다는 것을 알게 되면서, 두뇌의 역할, 더 나아가 심리작용에 대한 관심이 커지기 시작하였다(홍성태, 1994).

1-3 심리학의 연구방법

심리학의 연구방법은 오늘날과 같이 소비자 중심의 사회구조로 변화된 지금 시점에서는 소비자행동 분석, 구매동기 분석, 관광동기 분석, 관광객 만족도 분석 등에 여러 가지 형태로 사용되고 있으며, 그 중요성은 나날이 증대되고 있는 실정이다. 여기서는 연구방법에 대한 개괄적인 설명만을 다루기로 한다.

(1) 관찰법

관찰은 이미 정해놓은 일정 목적에 따라 연구대상으로서의 현상 혹은 그 일부분이나 한 측면을 주의 깊게, 그리고 될 수 있는 대로 정밀하게 지각하는 일이다.

- 자연적 관찰법 : 인위조작을 배제한 평상시 있는 그대로의 관찰.
  관찰 결과의 타당성 · 신뢰성 확보가 어려움.
- 실험적 관찰법 : 여러 조건을 지정 · 통제하여 관찰.
  독립변인과 종속변인과의 관계.

(2) 실험법

실험이란 상황이나 장면의 조건 및 피험자의 제반조건을 조직적으로 설정하고 조절하여 특정한 행동을 인위적으로 반복하여 일어나게 함으로써 조건과 행동 사이에 일어나는 인과관계(법칙)를 추출해내는 것이다.

(3) 평정법

피험자의 일정한 특질 및 행동을 평정하여 순위에 따라 표현하든지(서열법), 품등척도로써 표현하는 것(평정척도)이다. 평정법은 주로 인간의 태도 · 성격 · 행동 등을 평정하며, 그 외에 피험자의 기능(회화 · 조각 · 습자 · 수예 등)이나 감상력 등의 평가에도 이용되고 있다.

(4) 측정법과 테스트법

관찰이나 실험 결과를 객관적으로 정확하고 엄밀하게 하기 위한 수량적 처리법이다. 인간의 행동과 정신현상을 측정척도를 사용하여 단위나 수량으로 척도화하였다.

(5) 질문지법

연구자가 일정한 연구문제에 관하여 미리 인쇄된 질문사항에 응답케 하는 방법으로, 질문지를 통한 자료수집 후 일반적 경향과 문제점을 파악한다.

(6) 전기법

주로 관찰에 의하여 동일인간의 행동을 비교적 장기간에 걸쳐 주기적으로 혹은 매일 관찰·분석하여 그 발달과정을 연구하는 방법이다.

(7) 자서전법

피험자 자신의 과거생활이나 행동과정을 회상에 의하여 서술하게 하는 것이다.

(8) 투사법

정신분석학의 연구 및 치료방법이다. 인간의 숨겨진 욕구나 감정, 잠재적 특징을 투영시키고 통합하여 기록·해석하는 방법이다. 현재 성격 연구에 많이 이용되고 있고, 재료 자극에 따라서 피험자의 행동이나 특질을 중심으로 나뉜다.

(9) 면접법

질문지법의 일종으로 직접적인 방법으로, 한 사람 한 사람에 대하여 직접 상담을 통하여 상세하게 깊이 있는 문제를 추구하는 방법이다.

(10) 사례연구법

한 사례를 여러 가지 심리연구법을 통해 자료를 수집, 종합적인 해석 또는 적용으로 문제의 원인을 제거하고 앞으로의 발전방향을 모색, 연구대상이 독립적이고 구체적이어야 하며, 심리학의 모든 연구법을 이용한다. 연구 자체는 전체적이며 포괄적이어야 한다.

1-4 심리학의 부문

(1) 일반심리학

정상적인 성인의 개인을 대상으로 하여 연구하는 분야이다. 심리학의 기본원리를 포함하고, 다른 분야의 심리학에 대하여 표준이 되는 것이기 때문에 표준심리학(normative psychology)이라고도 한다.

(2) 발달심리학

발달심리학은 태아기부터 시작하여 아동기 · 청년기 · 성인기 · 노년기에 이르기까지 인간의 지적 · 신체적 성장과 발달에 관하여 연구하는 분야이다. 인간의 행동과 정신현상을 발달적 견지에서 연구하는 것으로 주로 종단적 방법을 이용한다. 구체적으로 아동심리학·청년심리학·노년심리학으로 세분된다.

(3) 비교심리학

인간의 심리를 연구함에 있어서 신체적·심리적으로 생활조건이 훨씬 단순한 생물을 연구함으로써 그 기초적인 원리를 밝히는 분야이다. 인간과 동물과의 비교를 통하여 연구하는 것을 동물심리학이라고 한다.

(4) 집단심리학

집단관계에 있어서의 인간의 심리학을 통칭하여 집단심리학이라고 한다. 집단 속의 개인과 집단 사이의 관계를 밝히는 사회심리학, 민족의 특이성을 연구하는 민족심리학 등이 있다.

(5) 이상심리학

정상적인 인간이 이상한 상태에 있을 때나(수면·꿈·최면술 등) 이상한 정신상태에 있는 사람에 대한 연구를 말한다. 변태심리학이라고도 한다.

(6) 생리학적 심리학

생리학적 심리학은 인간행동의 기초를 다루는 분야로서 뇌·신경계 계통 및 내분비선이 행동에 어떤 영향을 미치는지를 연구한다. 즉 심리학적 현상에 대한 생리학적 해석, 또는 생리학적 연구를 의미한다. 신체와 마음의 관계를 생리학적으로 파악한 것이다.

(7) 개인차이 심리학

일반심리학이 일반인의 공통적인 행동과 심적 활동을 연구하지만, 이것은 개인의 차이를 연구대상으로 한다. 각종 심리검사를 통한 개개인의 능력 측정 및 비교(예 지능검사 등)를 통해서 연구한다.

(8) 교육심리학

교육심리학은 교육장면에서 교수방법과 학습동기에 관한 심리학적 지식을 활용하는 분야이다. 아동의 성장과 발달, 특수아동의 심리와 교육방법 등을 연구대상으로 한다.

(9) 문화심리학

이것은 인간 자체를 연구하기보다는 인간이 만든 객관적인 작품, 즉 문화와 그에 관한 인간활동을 대상으로 하고 있다.

(10) 산업심리학

응용심리학의 대표적인 분야이며, 주요 과제는 적성·직업선택·인사관리·광고 등이다. 대규모의 공장이나 산업체에서 보다 능률적인 생산과 효과적인 관리, 그리고 직장생활을 통한 삶의 질적 향상을 위해 심리학의 지식이 응용된다.

(11) 임상심리학

임상심리학자는 이상행동의 진단 및 치료에 심리학적 원리를 적용한다. 인간의 적응문제에 관하여 역동적 심리학과 이상심리학을 적용하였다.

(12) 상담심리학

상담심리학자들은 가벼운 문제이거나 일시적인 개인의 정신적 문제, 성격적인 문제 또는 대인관계의 문제나 직업지도·학업지도 등 일반적인 적응문제를 다룬다. 즉 학생들의 수학방침·사상문제·가정문제뿐만 아니라 고민·취직 등에 대해 상담을 하여 정신적인 원조와 보호, 그리고 지도를 하는 것이다.

(13) 범죄심리학

범죄의 동기, 월별 범죄빈도 및 종류 등을 연구하는 분야이다.

(14) 관광심리학

관광심리학은 관광이 삶의 중심영역으로 부각되는 추세에 맞추어 관광행동에 대한 이해를 돕고자 연구하는 분야이다. 관광행위를 일으키는 요인이 무엇이며, 관광은 관광행위자에게 어떤 기능을 하는가, 그리고 여행의사결정 과정에 있어서 영향을 미치는 요소는 무엇인가 등 관광의 동기적 측면, 경험적 측면, 경제적 측면 등 심리적 내용을 설명해준다.

(15) 사회심리학

사회심리학은 사회장면에서의 인간행동을 연구하는 분야로서 다른 사람과의 상호작용에서 나타나는 영향관계나 집단 내의 행동양식에 관심을 둔다. 대인지각, 동조와 복종, 편견, 공격성, 선전과 설득, 태도변화, 집단간의 갈등 등에 관련된 주제를 연구한다.

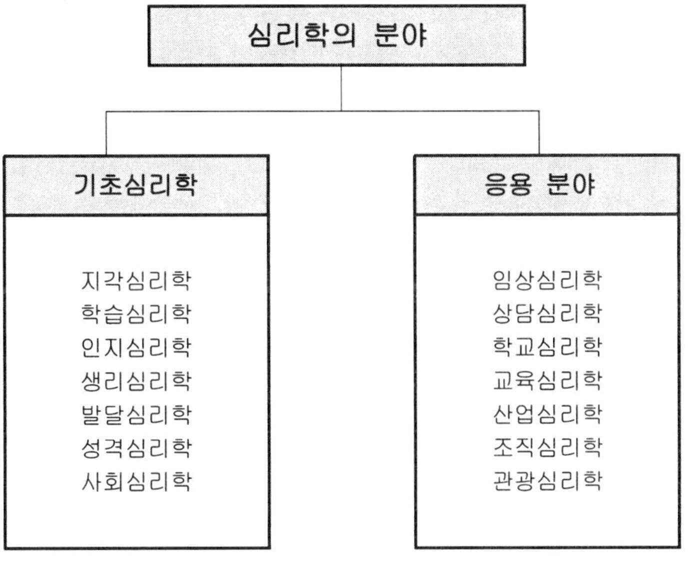

[그림 1-3] 심리학의 분야

제 2 장

소비자행동의 개요

2-1 소비자행동의 정의

모든 인간은 평생을 소비자로서 살아간다. 20여 년을 살아온 대학생들도 그렇고 우리의 부모님, 그리고 지금 초등학교에 다니는 아이들조차 소비자로서의 삶을 살아가고 있다. 여러분은 과연 하루에 소비자로서의 행동을 몇 개나 하고 있는지 생각해보기 바란다.

학교에 오기 위해서 버스를 이용한다든지, 점심시간에 학교식당을 이용해서 여러 가지 메뉴 중에서 식사를 한다든지, 친구의 생일선물을 사기 위해서 팬시전문점에서 선물을 고르는 등 다양한 소비자로서의 활동들을 하고 있는 것이다.

그렇다면 이러한 소비자행동은 과연 어떻게 정의할 수 있을까? 일반적으로 소비자행동(consumer behavior)은 "소비자가 자신의 욕구충족에 합당한 제품이나 서비스를 탐색·구매·사용·평가·처분하는 과정"을 말한다. 즉 소비자행동은 소비자가 소비와 관련된 항목들에 돈, 시간, 노력 등의 자원을 어떻게 배분하기로 결정하는가에 관련된 것으로, 소비자에게 의미 있는 대상물의 교환을 용이하게 하며 완성시키는 행위라 할 수 있다.

한편 유동근은 소비자행동을 "제품을 탐색·평가·획득·사용 또는 처분할 때 개인이 참여하는 의사결정 과정과 신체적 활동"으로 정의하였고, 이러한 정의의 내용을 충분히 이해하기 위해서는 다음과 같은 개념적 정의를 내렸다.

① 소비자

소비자행동의 유형 중 어떠한 활동에든 참여하는 모든 사람을 지칭하는 용어이며, 제품범주에 대한 모든 행위자를 포함한다. 따라서 어떤 상표의 냉장고를 구매하든 어느 점포에서 구매하든 관계없이 냉장고를 구매하거나 사용하는 사람은 모두 소비자에 포함된다.

② 고 객

특정한 점포나 기업으로부터 구매하는 사람을 지칭하는 용어로서 구체적인 점포나 상표로서 정의되지만, 소비자는 제품범주로 정의된다.

③ 행 동

일반적으로 가시적인 신체적 움직임을 지칭하지만, 소비자행동에서는 정신적(심리적) 활동까지도 포함한다. 따라서 가시적인 구매행위는 소비자행동의 한 측면에 불과하며, 소비자행동은 구매에 영향을 미칠 수 있는 신념이나 태도의 변화 등 정신적 활동까지도 포함한다.

④ 제 품

승용차・책・볼펜 등과 같은 유형의 품목뿐 아니라 이발・진료・법률상담 등과 같은 서비스를 포함한다. 따라서 제품은 교환될 수 있고 상대방에게 가치를 가진다고 지각되는 모든 욕구충족(need-satisfiers want-satisfiers)을 지칭한다.

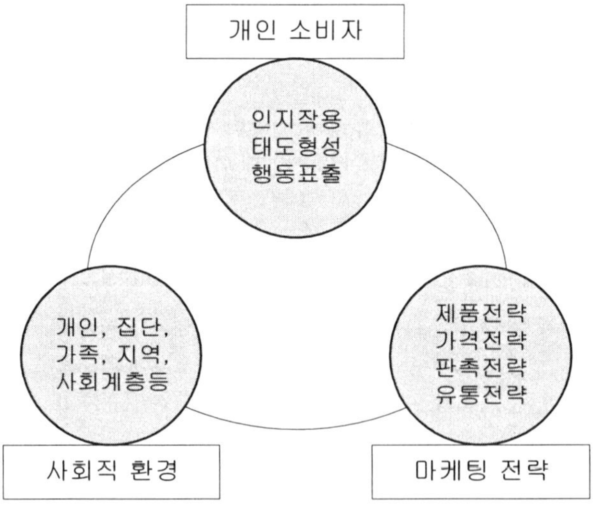

[그림 2-1] 소비자행동의 3요소

(1) 개인소비자의 심리작용

제품에 관한 마케팅 정보가 주어지면, 소비자는 이를 지각하고, 기억·평가하는 인지작용을 거쳐 그 제품에 대한 선호도를 결정짓는 태도를 형성하게 된다. 형성된 태도는 그 행동의 지침이 된다. 인지작용이나 태도형성의 과정은 직접 관찰할 수 없는 심리작용이지만 행동은 겉으로 나타난 것으로서, 소비자를 겨냥한 마케팅 전략은 결국 소비자의 구매행동에 영향을 주는 데 궁극적인 목적이 있다.

(2) 사회적 환경

소비자는 사회활동을 함으로써 소비자의 외부세계를 둘러싸고 있는 사회적 환경요소의 영향을 받게 되는데, 이는 다른 사람의 행동이나 준거집단의 영향을 말한다.

(3) 마케팅 전략

마케팅 전략이란 소비자의 인지작용과 태도형성에 영향을 주기 위하여 마케팅 요소를 적절히 조절하고 배합하는 것을 말한다. 한편 전략수립에 있어 소비자와 환경적 요인의 반응을 끊임없이 관찰하고, 그 결과에 따라 방향을 계속 수정해나가야 할 것이다.

2-2 소비자행동 연구의 필요성

산업혁명에 의해 인류는 자기생산 방식에서 시장에서의 교환(판매)을 전제로 하는 전문화 및 대량생산 방식으로 전환되기 시작하였는데, 초기에 '만들면 팔리던 시대'의 판매자 중심시장(sellers' market)에서 마케터들은 최근에 그들이 생산해내는 많은 양의 제품을 소비자들이 모두 구매해주지 않는다는 사실과 결국 자신의 제품을 팔기 위해서는 경쟁이 불가피하다는 사실을 알게 되었다.

마케터란?

신제품을 성공시킨다는 것은 대단히 힘들고 히트상품이 되어도 유지하는 것도 힘들다. 명확한 컨셉(concept, 소비자들에게 주어지는 혜택)과 사용 후 퍼포먼스(사용자들의 만족)를 주는 차별화된 상품을 만든다는 것은 어려운 일이다. 이 어려운 일을 하는 사람들이 바로 마케터(marketer)이다.

마케터가 하는 일은 회사마다 조금은 차이가 있겠지만

1. 우선 새로운 신제품을 만든다. 끊임없는 시장조사를 통해 소비자들이 원하는 것이 무엇인지 파악하고 표적시장을 세분화하여 제품의 컨셉과 브랜드를 결정하는 일을 한다.
2. 기존제품을 관리하는 일을 한다. 기존제품의 판매부진시에는 단산하거나 리포지셔닝하는 일, 프로모션을 통한 제품의 판매촉진 등등.
3. 시장조사를 한다. 신제품의 실패원인 중 가장 큰 원인은 바로 시장조사의 미비라고 할 수 있다. 소비자들이 원하지도 관심도 없는 상품은 팔리지도 않는다. 마케터는 시장조사를 통해서 소비자들이 무엇을 원하는지, 신상품이 시장성이 있는지를 파악하여 적절한 시기에 출시함으로써 제품의 성공여부가 달라지게 된다.
4. 마케터는 만물박사가 되어야 한다. 마케팅에 대한 지식뿐만 아니라 상품에 관련된 전반지식을 갖추어야 상품의 개발을 중심적으로 이끌어나갈 수 있다. 재무 · 회계도 알아야 하고 제품학에 대한 지식도 필요하다.

그에 따라 관심의 초점을 생산활동으로부터 마케팅(소비자의 만족을 창출하고, 교환을 촉진하기 위하여 기업의 활동을 소비자의 욕구에 적응시키는 일)으로 전환하였다. 이를 마케팅 개념이라 하고, 이러한 시대를 '팔릴 수 있는 제품을 만들어야 하는 시대'라고 한다.

즉 이 시대의 마케터는 마케팅 활동을 보다 새롭고 효율적으로 수행하기 위하여 소비자행동의 기본원리에 관심을 가져야 하는데, 이러한 관점은 마케터로 하여금 소비자행동에 영향을 미치는 요인들을 면밀히 분석하도록 촉구하고 있다.

소비자행동을 연구함으로써 마케터는 소비자가 왜 그리고 어떻게 소비결정을 내리는가를 이해할 수 있으며, 이를 바탕으로 보다 효과적인 마케팅 전략을 수립할 수 있다. 시장세분화, 표적시장 선정, 상품 포지셔닝, 마케팅믹스 결정, 브랜드 관련 의사결정 등 모든 마케팅 의사결정 과정에 있어서 소비자행동을 이해하는 것이 필수적이기 때문이다.

또한 소비자들에게는 소비자 자신의 의사결정을 분석할 수 있고, 소비선택에 영향을 주는 제요인을 이해함으로써 보다 현명한 소비자가 될 수 있게 한다. 또한 학자들에게는 소비자 개개인의 소비행위에 영향을 미치는 내적·외적 요인을 이해할 수 있게 한다.

유동근은 소비자행동을 연구함으로써 생기는 유용성을 다음과 같이 설명하고 있다.

첫째, 합리적인 소비활동을 도와주는 데 소비자행동에 대한 검토는 소비자의 입장에서 그가 보다 현명한 소비활동을 계획하고 욕구를 효과적으로 충족시킬 수 있도록 도와준다.

둘째, 마케팅 전략의 수립을 가능하게 한다. 다시 말해 시장기회의 분석과 예측, 시장세분화와 표적시장의 선정, 마케팅믹스의 구성을 할 수 있다.

셋째, 마케팅 전략의 성과는 근본적으로 소비자 반응을 측정함으로써 평가될 수 있는데, 적절한 측정방법을 선택하고 적용하기 위해서는 소비자행동에 관한 지식이 필요하다.

넷째, 영리조직뿐만 아니라 비영리조직들도 사회 내의 어떤 욕구와 필요를 충족시키거나 문제를 해결함으로써 상대방들의 호응(참여와 지지)을 얻어내야 하므로 소비자행동에 관한 지식을 활용해야 한다.

2-3 소비자행동 연구의 제약점

소비자행동 연구는 마케팅 컨셉을 실천하기 위한 기초가 되며, 오늘날 마케팅 분야에서 가장 많은 관심을 받고 있다. 그러나 소비자행동을 연구하는 데 있어서도 다음과 같은 중요한 제약들이 있다.

(1) 다수의 변수

소비자행동에는 실제로 대단히 많은 변수들이 영향을 미칠 것인데도 현재까지의 소비자행동 연구에는 일부의 변수만을 검토해왔으며, 더욱이 많은 변수들은 그들의 영향이 미약할 것으로 가정되어 무시되는 경향이 있었다.

물론 소비자행동을 정확하게 이해하기 위해서는 모든 영향변수를 검토해야 하지만 그러한 일은 현실적으로 불가능하며, 따라서 연구결과도 그러한 제약하에서 활용되어야 한다.

(2) 행동의 주관성

소비자행동은 그들의 욕구・과거경험・지각 등으로부터 영향을 받기 때문에 개별적인 소비자들은 동일한 자극일지라도 다르게 해석하고 상이한 반응행동을 보일 수 있다. 따라서 개별적인 소비자의 행동을 설명하거나 예측하는 일은 한계가 있다.

(3) 추론과정의 어려움

소비자행동에 많은 변수들이 영향을 미치고 있으나 그들 중의 일부는 연구결과를 해석하기 위한 추론과정에 많은 어려움을 야기시킨다. 따라서 소비자행동에 관한 연구들은 특정한 변수에 관하여 상이한 정의를 채택하거나 상반되는 조사결과를 제시하기도 한다.

(4) 변수간의 상호작용

소비자행동에 직접적인 영향을 미치는 변수들은 간혹 상호작용을 통하여 다른 변수의 영향을 확대·상쇄시키거나 영향의 방향을 바꾸기도 한다. 그리고 소비자가 당면한 상황적 여건은 다른 변수의 영향을 수정하기도 한다.

2-4 소비자행동의 개념적 모델

소비자행동의 여러 측면들, 소비자행동에 영향을 미치는 많은 변수들 간의 인과관계 혹은 영향관계는 매우 복잡하다. 따라서 각각의 주제별로 학습하는 경우 전체적인 체계를 잡는 데 혼란을 가져올 수 있다. 이러한 혼란을 방지하고 전체적인 골격을 갖도록 하기 위해서는 이 책에서 다루는 전체적인 내용들을 이해할 필요가 있다.

[그림 2-2]는 소비자행동의 전체적인 개념적 모델을 나타내고 있다.

소비자는 자신의 욕구와 필요를 충족시키려는 문제 해결자(problem solver)로 파악될 수 있는데, 우선 그러한 소비자 문제들은 그들의 라이프스타일을 개발하고 유지 또는 변화시키려는 과정에서 야기된다. 소비자행동을 이해하는 데 있어서 라이프스타일이 중요한 이유는 그것이 바로 "어떻게 사는가?"의 문제로서 소비자가 어떠한 제품을 구매하여 그것을 어떻게 사용하고, 그것에 관하여 어떻게 생각하는지에 영향을 미치기 때문이다.

소비자행동을 라이프스타일과 연관시켜 파악하는 접근방법은 마케터로 하여금 소비자의 라이프스타일과 그것에 영향을 미치는 요인들을 보다 명확하게 이해하도록 도와줄 수 있다. 동기부여, 지각과 학습, 태도, 인구통계적 특성, 심리묘사적 특성 등의 개인심리적 요인들과 문화·가치·사회계층·준거집단·가정 등 사회문화적 요인들이 개별 소비자의 구체적인 라이프스타일을 형성한다.

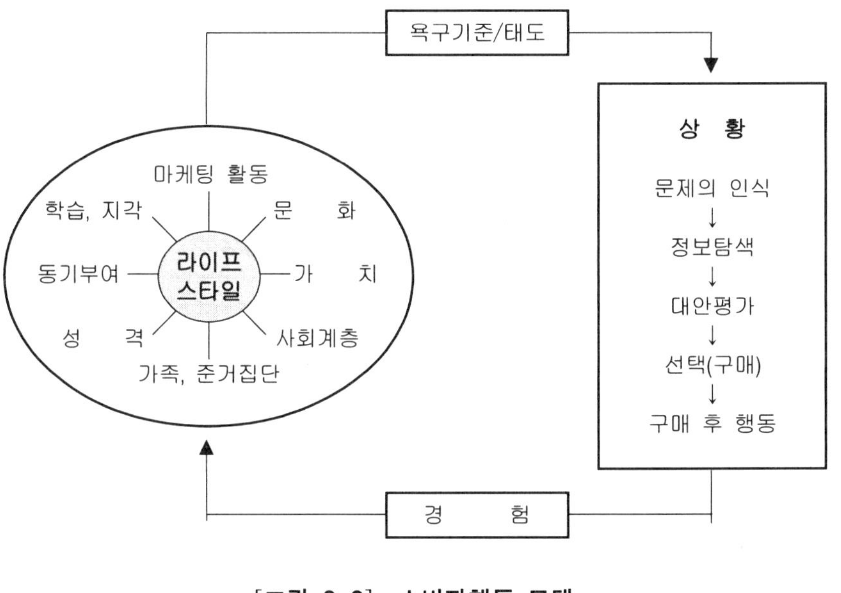

[그림 2-2] 소비자행동 모델

이와 같은 영향요인들에 의해 형성된 라이프스타일은 독특한 욕구기준과 태도를 형성하여 소비자 문제를 인식시키며, 그러한 문제를 해결하는 활동은 다시 라이프스타일에 영향을 미치는 순환적 과정을 반복한다.

(1) 문제의 인식

소비자는 실제 상황과 자신이 바라고 있는 상황간에 차이를 많이 느끼게 될 때 문제를 인식하거나 필요를 인식(need recognition)

(2) 정보의 탐색

필요로 인한 욕구를 충족시킬 대안을 선택하기 위한 준비단계로서 각종 정보를 수집(information search)

▶ 내부탐색(internal search) : 자신의 기억이나 경험을 되살리는 정보 탐색

▶ 외부탐색(external search) : 외부에서 정보를 찾는 탐색

① 개인적 원천 : 가족, 친구, 이웃, 친지, 아는 사람
② 상업적 원천 : 광고, 판촉시원, 대리점, 포장, 진열,
③ 공공적 원천 : 신문기사나 방송의 뉴스, 잡지, 소비자 보호센터와 같은 공공기관
④ 경험적 원천 : 제품의 검사나 시용, 제품의 직접 사용

(3) 대안의 평가

최종적으로 도출된 고려 상표군에 속한 각 선택대안을 평가하고 소비자의 욕구에 합치하는 특정 대안을 선택하는 과정(consideration of options)

(4) 구매의사 결정

소비자가 구매와 관련하여 내리는 결정(Purchase decision)이다. 다시 말해서 소비자의 제품에 대한 선호도가 반드시 최종구매로 연결되지 않는 이유

① 예기치 않은 상황요인
② 다른 사람들에 의한 영향요인

(5) 구매 후 행동

인지부조화(cognitive dissonance)
제품의 구매 후에 자신의 구매의사 결정에 대하여 소비자가 경험하는 일종의 심리적 갈등(post purchase behavior)

제 3 장 관광자행동의 개요

3-1 관광자의 개념

이 책에서 사용된 용어 중 가장 중요한 것 중 하나가 '관광자'이다. 보통 관광에 관한 연구에서는 관광객 또는 여행자라는 개념을 많이 사용하지만, 여기서는 관광자라는 개념이 적합할 것으로 생각된다. 따라서 관광자와 그에 관련된 용어들에 관한 개념들을 정리하고, 세계적 기구나 단체에서 규정하고 있는 관광자의 개념들을 토대로 그 의미를 밝힐 필요가 있다고 본다.

관광자와 관광객은 동의어이지만 보는 관점과 견해에 따라 서로 다르게 해석할 수 있다. 곧, 관광객은 경영학적인 측면에서 경제적 대상으로서 관광경영학적 관점에서 바라보는 견해이고, 관광자는 관광을 하는 주체로서 인간의 행위를 연구과제로 하는 관광심리학적 관점에서 보는 견해라고 할 수 있다.

또한 여행자와 관광자도 일반적으로 동의어로 사용되고 있으나, 여행자(traveler)는 순수관광 목적뿐만 아니라 스포츠관광, 회의관광, 사업관광 등의 겸목적 관광의 의미를 포함하는 여행을 말하며, 관광자(tourist)는 여가시간에 즐거움을 추구하기 위한 관광목적으로만 여행하는 순수여행자로 규정할 수 있다.

여기서 관광개념의 규정을 준용하여 관광자의 정의를 규정하면 "관광자란 일상생활영역을 떠나 다시 돌아올 예정으로 이동 및 체재를 하면서 정신적·육체적 즐거움을 추구하는 관광소비자"라고 정의할 수 있다. 그러나 관광자에 대한 정의는 국내·외 관광관련 기구 및 단체에서 통계를 수립하기 위한 과정으로 관광자의 범위를 규정하기 시작하였다.

관광자에 관한 최초의 정의는 국제노동기구(ILO)가 1937년 국제연맹 통계전문가회의에 제출한 보고서에서 내린 정의로 "관광자는 24시간이나 그 이상의 기간 동안 거주지가 아닌 다른 지역이나 나라를 방문하는 사람"으로 규정하였다.

또한 경제협력개발기구(OECD)는 방문자(visitor)를 관광자(tourist)와 당일 여행자(excursionist)로 구분하여 정의하고 있다. 그에 따르면 관광자는 방문지에서 적어도 24시간을 체재하는 일시방문자로 여가·사업·가족·업무·회의를 목적으로 하는 자를 말하고, 당일여행자는 방문지에서 24시간 미만 동안 체재하는 일시적인 방문자로 규정하고 있다.

한편 세계관광기구(WTO)가 규정하고 있는 관광자의 정의는 많은 국가에서 관광자 통계자료의 기준으로 사용하고 있으며, 각국의 통계자료는 취합되어 전세계 관광자 통계자료로 이용되고 있는데, 그 기준은 [그림 3-1]과 같다.

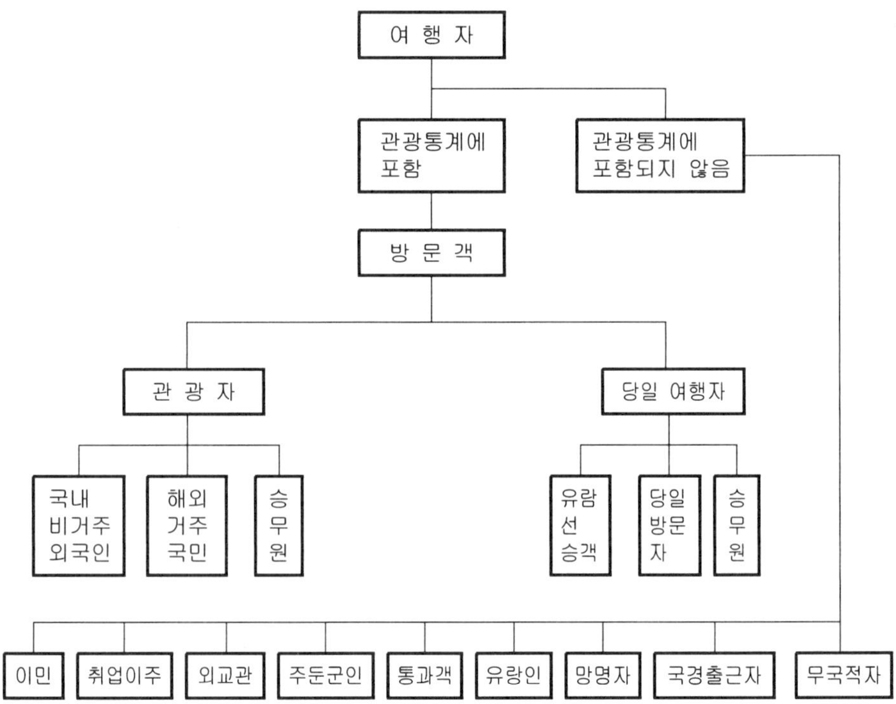

[그림 3-1] 관광자의 범주

※ 자료원 : 김용상 외(1999), ≪관광학≫, p.22.

3-2 관광객행동의 개념

관광객행동은 앞서 언급한 소비자행동과 연관지을 수 있다. 우선 관광객과 소비자의 관련성을 생각해볼 필요가 있다. 소비자는 유형의 제품만을 대상으로 하는 것이 아니라 서비스도 그 대상으로 하고 있음을 알아야 한다. 따라서 관광객도 일종의 소비자라 할 수 있다. 다만 관광객은 기본적으로 무형의 상품을 구입하며 동시에 유형의 상품을 구입함으로써 일반적인 소비자와는 다른 행동을 보일 것이라고 예측할 수 있다.

■ 관광객이 소비자로서 무형의 제품을 구입할 때 일반상품과의 차이점

① 일반소비자가 소매점에서 완제품을 구매하듯이 관광객도 만들어져 있는 상품(패키지)을 구입한다. 다만, 일반소비자는 유형의 제품을 현장에서 그 모양이나 디자인·성능 등을 확인할 수 있으나, 관광상품은 그것이 불가능할 때가 많다. 즉 현물확인이 불가능하다.

② 일반상품은 생산과정의 종료와 함께 소비자들이 그것을 구입·사용할 수 있으나 관광상품은 제품의 내용물만을 소개하고 실제의 사용은 여행의 개시와 더불어 시작되어 여행종료와 함께 끝나게 된다.

③ 일반상품은 그 구입과정이 지몰입 수준과 고몰입 수준에 따라 구분되지만, 여행상품은 그 자체가 고몰입 수준에서 이루어지는 것이 일반적이기 때문에, 구매결정에 이르기까지는 개인만이 아니라 가족 혹은 집단의 결정을 거쳐야 하는 경우가 매우 많다.

④ 일반상품도 구매결정 과정에서 개인적인 욕구, 물리적 필요성, 그리고 사회환경간에 압력이 좌우하겠지만, 관광객이 구입하는 무형의

상품은 그 구입과정에서 인간의 내면적이고 강력한 이동본능, 즉 깊숙이 내재되어 있는 심리적 욕구는 물론이고, 사회적 욕구와도 깊이 관련되어 있으므로 여러 가지 내외적인 영향을 받는다.

⑤ 관광객행동은 상품의 구입과정만을 다루는 것이 아니라 관광을 하게 되는 과정, 즉 상품구매를 하기 이전의 단계도 매우 중요하다. 관광객은 어떠한 동기에서 여행을 하였는가, 그러한 동기를 유발시키는 것은 무엇인가, 관광객은 관광선전이나 상품에 노출되었을 때 그것을 어떻게 인식하는가, 그리고 관광객의 태도형성은 어떻게 이루어지는가 등이다.

관광이 발달할수록 이에 수반되는 관광산업이 발전하게 되고 각 사업체마다 주고객들을 유치하기 위한 각종 마케팅 전략들을 마련하게 된다.

- ○ 몰입(involvement) : "주어진 상황에서 특정 대상에 대한 개인의 중요성 지각 정도 혹은 관심도" 혹은 "주어진 상황에서 특정 대상에 대한 개인의 관련성 지각 정도"
- ○ 고몰입과 저몰입으로 구분
- ○ 관여도라고도 한다.
- ○ Krugman은 관여도를 세 가지 상황적 측면에서 언급하였다.
  - 관여도가 높은 제품이란 가격이나 제품의 복잡성, 품질차이, 지각된 위험, 자아 이미지에 대한 영향 등으로 인하여 개인적인 관련성이 큰 제품을 말한다.
  - 관여도가 높은 소비자란 상표들 사이의 차이에 매우 관심이 많은 소비자인데 이러한 관심은 광고에 대한 주의를 증대시킬 뿐 아니라 상당한 양의 능동적인 정보탐색을 야기시킨다.
  - 관여도의 수준은 구매상황 또는 학습상황에 따라서도 달라질 수 있다. 이때 관여도의 수준에 따른 반응계층을 살펴보면 고관여도 반응계층에 있어서 인지는 획득된 정보로부터 소비자가 도출한 상표들에 관한 지식과 신념을 말하는데, 정보의 탐색과 능동적 학습을 통하여 형성된다.
- ○ 고관여 및 저관여 상품의 예
  - 고관여 : 자동차, 침대, 해외여행상품, 귀금속 등 비교적 가격이 비싼 상품들
  - 저관여 : 일반 식료품, 소모품 등 비교적 가격이 싼 상품들

이러한 전략들은 대부분 고객들을 중심으로 한 것이고, 고객들의 행동특성을 기업들이 파악하는 것은 전략수립에 아주 중요한 자료가 되는 것이다(예 여행의 이유, 관광목적지, 교통수단, 숙박시설, 여행사 선정 이유 등).

3-3 관광자행동의 역사

최초의 관광객 이름이나 최초의 휴일이 생겨난 시대를 아는 사람은 아무도 없다. 이는 아마도 '관광객' 및 '휴일'이라는 단어가 무엇을 의미하는지 정의하기가 너무 어렵기 때문일 것이다. 또는 관광현상이 기록할 만한 충분한 가치가 있다는 것을 믿지 않았었다는 사실을 반영하는 것은 아닐까?

20세기 현상으로서 광범위한 관광에 관해 논의하는 동안에 수세기 동안 관광이라는 단어가 상당히 폭넓은 의미로 존재해왔다. 관광객의 과거 행동에 관하여 조금이라도 이해하지 않고서는 현재의 관광객행동을 이해한다거나 예측한다는 것은 어려운 일이다.

관광객행동의 역사는 복잡한 문제이다. 더 나아가, 초기 관광객행동의 역사나 연대를 도출해낼 수 있는 실험적 자료나 방법이 상대적으로 거의 없다.

관광에 관해 대부분의 역사가들은 그리스와 로마로부터 비롯하여 철도시대에 이르기까지의 유럽과 영국의 쿡(Thomas Cook)에 중점을 두는 경향을 보여왔다. 그러나 관광은 수세기 동안 다른 대륙에서도 존재해왔다는 사실을 인식하는 것이 중요하다.

더욱이, 상업목적 관광, 건강목적 관광, 종교목적 관광, 교육목적 관광, 향락주의적 관광 등을 포함하는 매우 다양한 관광형태가 존재해왔음을 기억할 필요가 있다.

3-4 관광자행동의 유형

관광을 좀더 세분화하는 일은 항상 주관적이었지만, 이 책에서는 관광의 성장 및 관광객행동의 발전에 관해 흥미 있는 유형분석을 제시하고자 한다. 이 장에서는 다음과 같은 관광의 유형을 다루고자 한다.

(1) 친구 및 친척 방문

시간이 흐르면서 가족들이 서로 만나고 싶어하는 것은 당연한 일이다. 이주 및 유목생활 방식으로 인하여 영원히 혹은 일시적으로 헤어져 사는 친구들의 경우도 마찬가지이다. 결혼 및 종교축제도 'VFR(Visiting Friends and Relatives)' 관광의 초기 유형을 띠고 있다.

최근 수세기 동안 이러한 관광유형에 다음과 같은 요인들이 계속 영향을 미쳐왔다.

① 여가시간의 증가
② 교통수단의 개선
③ 친구 및 친척들의 체류를 좀더 편안하게 만든 개선된 주거환경

그러나 'VFR' 시장은 다음과 같은 두 가지 이유로 측정이 어렵다.

① 대부분 국내이동이며 국경통과의 경우가 드물다.
② 'VFR' 관광객들은 관광객에 대한 자료수합이 가능한 상업적 숙박시설(호텔)을 잘 이용하지 않는다.

그러나 최근 수십 년 동안 경제적 이유에서 이루어진 전세계적인 이주의 증가는 이 'VFR' 시장에 새로운 자극이 되어왔다. 'VFR'이 관광시설

공급자들에게는 별 이득이 안 되는 반면 교통시설 운영자, 여행사에게는 중요한 새로운 사업을 제공한다고 볼 수 있다.

(2) 사업관광

사업관광(business tourism)이란 특정 목적을 위해 세워진 컨벤션센터, 전세계를 비행기로 출장가는 사업가, 제품출시, 교육세미나, 포상여행상품 등을 말한다.

근세기까지 사업여행은 주로 순수하게 무역·생산지 이외의 지역에 거주하는 소비자에게 제품을 판매하거나 운송하는 것과 관계가 있다. 그러므로 사업여행은 다음을 포함하고 있다.

① 이른바 상용관광객이라 불리는 판매원이 잠재고객을 방문하는 것
② 소비자에게 제품을 운송하는 것

그러나 순수관광처럼 사업관광은 제2차 세계대전 후까지 실제로 꿈을 이루지 못했지만 다음과 같은 요인들에 의해 빠른 성장을 보였다.

① 운송기술의 개선
② 전세계적인 경제의 부상
③ EU와 같은 초국가적인 무역의 성장, 미국, 캐나다, 멕시코, NAFTA 간의 무역협정
④ 상용관광객들이 자국 내에서 많은 돈을 지출할 수 있도록 기울이는 정부의 노력
⑤ 포상관광과 같은 새로운 형태의 사업관광의 개발

사업관광은 이제 더이상 판매여행·제품의 운송만을 고집하지 않는다. 정보가 교환되는 회의, 신제품 출시를 위한 풍부한 이벤트, 직원의 동기부여나 보상을 위한 활기찬 주말, 집중훈련 코스 등이 사업관광에 포함된다.

순수관광과 사업관광간의 강한 상관관계가 역사적으로 존재해왔다는 것을 인식하는 것이 중요하다. 상용관광객은 일과가 끝나면 순수관광객의 입장이 되며, 종종 순수관광객을 일행으로 동반하기도 한다. 더 나아가 그들은 종종 누군가의 비용으로 여행하며, 상용관광객들은 특히 지출을 많이 하는 집단을 대표하기도 한다.

(3) 종교관광

종교관광(religious tourism)은 보통 성당과 같은 종교적 중요성을 지닌 장소의 방문, 또는 성인의 날 축제와 같은 종교행사의 참석을 포함하고 있다.

의심할 여지없이 종교관광은 기독교 이전부터 존재해왔다. 종교전쟁은 이집트인, 그리스인, 유대인 등 고대인들의 여행에 동기를 부여했다. 종교적 이유의 여행은 인도, 아시아에서 예수 탄생 이전부터 존재해왔다. 초기에 많은 종교들이 고대시대 순례여행에 동기를 부여해왔고, 현재는 그 영향력이 줄어들었다.

하나의 세부시장으로서 종교와 건강관광간의 관계는 깊다. Lourdes 같은 성당을 방문하는 사람들은 그들의 질병이 치유될 것이라는 희망을 갖고 성당을 방문한다. 결국, 유럽에서의 종교관광은 사회 하부구조가 관광의 한 형태로서 어떻게 개발되는가에 따라 미래의 다른 유형의 관광에도 사용될 수 있다는 좋은 예가 되고 있다.

(4) 건강관광

건강관광(health tourism)은 유럽에서의 현대관광산업 개발의 기초를 이루고 있다. 초기에 건강관광은 단순히 광천수나 해수와 같은 자연적 현상을 의학적 효과를 위해 찾아다닌 것에 불과하였다. 그러나, 시간이 흐르면서 이 휴양지들은 또한 유행과 사회활동의 중심지가 되었다.

또한, 몇 세기에 걸쳐 기후가 건강관광에 중요한 역할을 하였다. 특히 식민지 확장 시대 동안에 유럽인 식민지 개척자들은 종종 더위를 피해 좀더 서늘한 곳으로 이동하고는 했다.

그러나 영국이 아닌 프랑스에서 온천은 건강에 대한 관심의 증가와 더불어 최근에 그 전성기를 맞고 있다. 최근에 건강에 대한 관심은 건강강화 활동과 같은 해수욕의 재발견으로까지 이어졌다.

유럽과 미국의 '건강농장'에서는 많은 남녀가 체중을 줄이고 건강을 증진시키기 위하여 짧은 휴식을 취하기도 한다. 가장 고급스런 건강관광의 형태는 의학적 치료목적으로 해외여행을 하며, 그곳의 여러 시설들은 그 분야에서 최고 수준으로 인정받고 있다.

(5) 사회적 관광

정부, 비영리단체, 노조 등에 의해 휴가가 주어지거나 휴가비가 보조되는데 이를 사회적 관광(social tourism)이라고 한다. 이러한 관광형태는 여러 나라에서 이루어지고 있는데, 특히 독일, 스페인, 프랑스에서 많이 행해지고 있다. 이들 국가에서 사회적 관광이 매우 발달했으며, 그 하부구조는 다음과 같다.

① '여행상품권' : 관광서비스와 교환할 수 있는 수표 혹은 상품권
② 비영리단체에서 운영하는 사회적 관광단지 및 센터

비록 엄밀한 의미에서 사회적 관광이라고 하기에는 부족하지만 최근에 관광산업 분야에서 사회적으로 소외되거나 차별받아온 계층을 위해 좀더 나은 서비스를 제공하려는 움직임을 보이고 있다.

(6) 교육관광

교육관광(educational tourism) 또는 배우기 위한 여행은 그 역사가 오

래되었는데 주로 부유한 그리스인과 로마인들이 견문을 넓히고자 여행한 데서 교육관광이 시작되었다. 최근 수십 년간, 교육관광은 여러 가지 방법으로 개발되었는데 그 중 특히 두 가지가 주목할 만하다.

① 학생교환 : 다른 나라의 문화와 언어를 배우기 위하여 젊은이들이 다른 나라로 여행하였다. 이런 학생교환은 북미와 유럽간에 활발히 이루어졌다.

② 취미활동을 위한 관광 : 사람들이 이러한 형태의 관광을 하는 동기는 뭔가 새로운 것을 배우고 싶어하는 데 있다. 이런 관광시장은 최근에 급속한 성장을 보이고 있는데 그 내용은 그림그리기, 요리, 정원가꾸기 등 다양하다.

(7) 문화관광

그리스와 로마시대 이후 다른 나라의 현재문화를 경험하고, 예전의 문화유물을 보고자 하는 것이 이 관광형태의 동기가 되었다. 오늘날 문화관광(cultural tourism)은 대중적인 관광형태가 되었으며, '지적인 관광'으로서 훌륭한 관광형태로 관광정책 결정자들에게 긍정적으로 인식되고 있다.

문화관광은 다음과 같은 요소들을 포함하고 있다.

① 문화유적지 방문 및 전통축제 참가
② 그 지방의 대표적인 음식 즐기기
③ 전통적인 스포츠행사 관람 및 지역의 여가활동 참여
④ 농장, 수공예 제작공장 방문

(8) 경치관광

수려하고 웅장한 자연경관을 보고자 하는 욕구에서 시작된 관광은 그 역사를 헤아리기가 힘들 정도로 오래되었다. 그러나 예술 분야의 '낭만주의 운동'의 영향으로 인하여 19세기에 경치관광(scenic tourism)이 본격적으로 이루어졌다. 화가와 문장가들은 자연환경에서 얻은 영감으로 그 경관을 묘사하였고, 경치에 관한 대중적인 관심을 이끌어내었다. 관광객들은 그림과 글을 통해 알게 된 정보를 바탕으로 같은 장소를 찾아 그 경관을 즐겼다.

경치관광은 유럽 특히 알프스와 미국에서 지난 세기 동안 많이 성장하였으며, 1872년 세계 최초로 국립공원이 지정되기도 하였다. 산뿐만 아니라 물과 관련된 경치도 19세기에 역시 관광대상이 되었다.

(9) 향락관광

향락관광(hedonistic tourism)은 바다(sea), 모래(sand), 태양(sun), 섹스(sex)의 4'S'로 요약된다. 그러나 향락 지향적인 관광은 그 역사가 길다. 로마인들이 이 형태의 관광을 휴양지에서 즐긴 바 있다.

향락관광은 1960년대 이후 4'S'를 상품내용으로 하는 관광상품이 등장함에 따라 그 절정을 이루고 있다. 비록 해를 끼치지 않는 재미를 동반한다고는 해도 향락관광은 종종 관광객 및 관광지 지역사회에 부정적인 영향을 미치는 것으로 여겨져왔다.

(10) 활동관광

활동관광(activity tourism)은 최근에 개발되기는 했지만 시장이 급속히 성장하고 있다. 이 관광형태는 새로운 경험을 원하는 세련된 관광객들이 주로 참여하며, 이는 관광 및 몸매가꾸기 같은 사회적 관심의 증가를 반영하는 것이다.

활동관광의 범위는 상당히 넓은 편이며, 그 내용은 다음과 같다.

① 걷기, 자전거타기 등 관광객 자신의 노력을 수반하는 교통수단 이용

② 골프, 테니스 같은 지상운동 참여
③ 다이빙, 윈드서핑 같은 해양스포츠 참여

(11) 특별한 홍미관광

최근 몇 년간 성장중인 특별한 홍미관광(special interest tourism)은 다음과 같다.

① 새로운 장소 또는 친숙한 장소에서 기존의 홍미를 만족시킨다.
② 새로운 장소 또는 친숙한 장소에서 새로운 홍미를 개발한다.

특수한 홍미관광은 활동관광처럼 행동하는 틈새시장이지만 육체적 움직임이 거의 없다는 점에서 활동관광과는 차이가 있다. 이 관광형태 중 가장 인기 있는 분야는 다음과 같다.

① 그림그리기
② 식도락, 요리배우기 및 레스토랑에서 요리즐기기
③ 군대역사 및 격전지 방문
④ 정원방문
⑤ 음악축제 참여

3-5 관광자의 의사결정

(1) 일상적인 의사결정

일상적인 의사결정(routine decision-making)은 결정이 신속하고 별다른 지적 노력을 기울일 필요가 없다. 이미 자신의 기억 속에 있는 지각과 태도에 근거하여 선택을 하게 된다.

(2) 포괄적인 의사결정

포괄적인 의사결정(extensive decision-making)은 정보를 탐색하고 여러 대안을 평가하는 데 상당한 시간과 노력이 필요하다. 휴가목적지의 선택은 상당히 포괄적인 의사결정에 속한다.

(3) 충동적인 의사결정

충동적인 의사결정(impulse decision-making)은 거의 즉흥적으로 이루어진다. 사전에 고려하지 않는다. 사람들은 대형광고판이나 옥외광고에 충동을 받을 가능성이 높다.

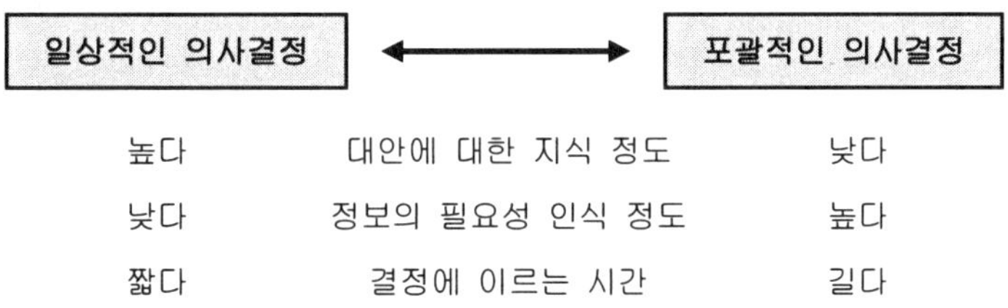

[그림 3-2] 의사결정의 연속체

〈표 3-1〉 의사결정별 외적 탐색의 성격

탐색의 성격	의사결정과정		
	포괄적	제한적	일상적
상표의 수	다수	소수	한 개
점포의 수	다수	소수	모름
정보원천의 수	다수	소수	한 개
시간 소요	장시간	단시간	최단시간

Case 1 관광산업의 관여도

■ 관광산업 중 가장 관여도가 큰 것은 무엇인가?

조사된 4개의 관광산업 중 가장 관여도가 큰 산업은 패스트푸드인 것으로 나타났다(3.15). 그 다음으로 패밀리 레스토랑(3.14), 여행사(2.93), 호텔(2.79)인 것으로 나타났다.

이것은 응답자들이 일상생활에서 자주 접하고 이용하는 패스트푸드와 패밀리 레스토랑의 이용을 중요하게 생각하는 것으로 해석할 수 있고, 호텔이나 여행사의 이용빈도는 낮기 때문에 이용의 중요도인 관여도가 낮게 나타났다고 볼 수 있다.

(5점 만점)

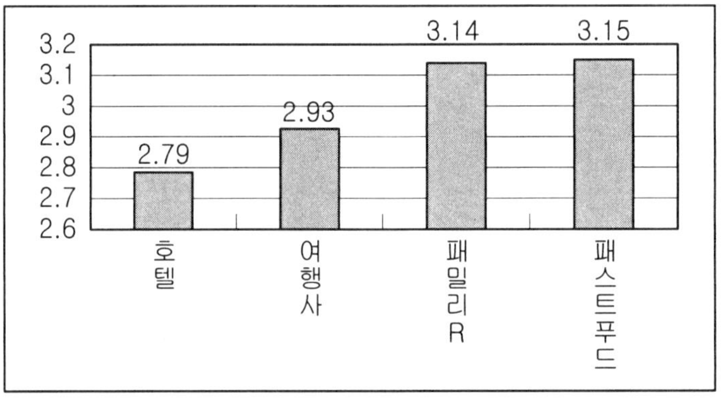

※ 자료원 : 박진영(2002), 〈관광산업에 있어서 관여와 충성도와의 관계 연구〉, ≪관광이벤트연구≫, 제3집, p.78.

3-6 관광자 만족

만족에 관한 연구는 소비자연구에 있어서 매우 강조되어왔으나 그 개념에 대해서는 아직 학자들간에 의견의 일치를 보지 못하고 있다. 소비자만족 개념의 이해를 위한 다양한 접근방법(또는 패러다임)들이 여러 학자들에 의해 제시되고 있으며, 따라서 만족에 대한 기존의 연구는 다양한 관점으로 구분 가능하다.

만족은 결과(outcome)에 강조를 둔 결과 지향적인 정의와 과정(process)에 강조를 둔 과정 지향적인 정의로 구분해볼 수 있는데, 과정 지향적 접근은 소비자의 전체 소비경험을 다루고 있어 고객만족을 형성하는 지각적·평가적·심리적 과정 모두에 대한 검토가 가능하기 때문에 대부분의 만족연구는 이 과정 지향적 접근을 채택하고 있다.

또한 인지적(cognitive) 측면에 입각한 정의와 감정적(affective) 측면에 입각한 정의로도 나누어볼 수 있다. 인지적 측면의 입장은 만족을 "구체적인 구매선택과 관련된 선택 후의 평가적인 판단"이라고 정의하고 있으며, 감정적 측면의 입장은 "긍정적 또는 부정적 감정 또는 느낌(feeling)의 요소"가 만족에 있어 중요하다고 주장한다.

Westbrook(1987)은 소비자들이 구매시에 긍정적인 감정(positive affect)과 부정적인 감정(negative affect)의 두 가지 감정상태를 형성하며, 그 긍정적·부정적인 감정이 만족에 포함된다고 주장하면서 만족의 정의에 있어 감정적 측면을 강조하였다.

하지만 기존 마케팅 문헌에서 만족의 정의에 관한 가장 지배적인 패러다임은 인지적 측면에 입각한 기대-불일치 패러다임(expectation-disconfirmation paradigm)이다. 전통적인 기대-불일치 모델에 따르면 소비자들은 기대와 성과의 비교과정을 통해 만족여부를 결정한다. 즉 지각된 성과가 기대했던 것보다 나으면 긍정적인 불일치가 발생하여 만족하고, 성과가 기대보다 못하면 부정적인 불일치가 발생하여 불만족하게 된다. 이 기대-불일치 모형에서는 불일치가 만족에 가장 직접적인 영향을 미치는 변수이다.

한편 관광만족에 관한 기존의 연구 틀은 사전동기 혹은 욕구의 충족이 곧 만족이라고 보는 동기모델, 관광활동이 관광자의 행복과 궁극적인 인생목표에 얼마나 공헌하는가의 여부를 따지는 관점인 쾌락모델과 소비자 행동 분야에서의 만족개념과 유사한 기대-불일치 모델로 구분할 수 있다.

하지만 관광학 연구에 있어서도 기대-불일치 패러다임을 통해 관광자 만족을 이해하고자 하는 연구들이 주를 이루고 있다.

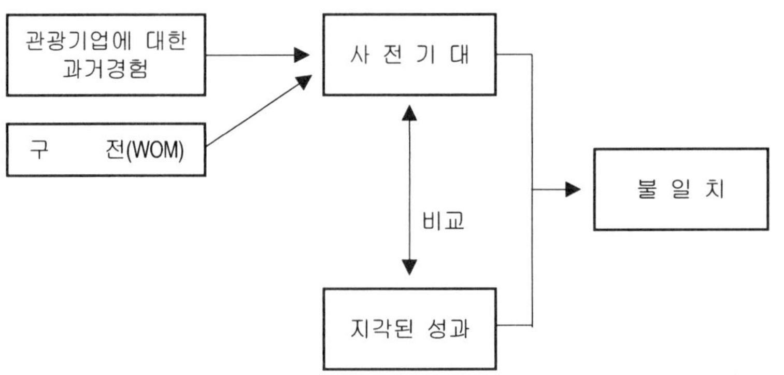

[그림 3-3] 불일치 인지과정

소비자 만족을 연구하는 학자들은 기대-불일치 패러다임에 대한 한계점을 지적하고 확장 및 수정 노력들을 기울여왔으며, 그 결과 지각된 성과(perceived performance), 비교기준으로서의 규범(norm), 공평성(equity), 귀인(attribution), 감정적 반응(affective response) 등의 다양한 모형들을 제시하고 있다.

관광자의 만족에 있어서도 불일치뿐만 아니라 기대 또는 성과가 만족에 직접적인 영향을 미치는 것으로 밝혀졌는데, 이는 관광자의 만족 모형이 기존의 이론적 배경보다는 더 복잡할 수 있다는 것을 나타낸다.

관광활동의 '전반적 만족' 개념에 대하여 엄서호(1994)와 박창규(1998)는 관광자의 '총체적인 만족'은 '서비스 만족'과 가격, 접근성, 이용성의 개념을 포괄하는 '비용만족'으로 구성된다고 하였으며, Baker와 Crompton(2000)은 '전반적인 만족'은 '관광경험 후 관광자의 심리적인 상태'를 의미하는데, 공급자가 통제할 수 있는 현장의 속성뿐만 아니라 공급자의 통제범위 밖에 있는 관광자의 사회심리적 상태(요구·동기·성향 등)와 관광자 외부적인 변수(날씨, 사회적 상호작용 등)에 의해서도 영향을 받는다고 주장하였다.

또한 '전반적 사후만족(overall post-hoc satisfaction)'의 개념을 Lounsbury와 Polik(1992)는 "관광참여자 자신이 관광체험 총체에 대한 사후 이미지를 파악하는 것으로서 관광체험 총체에 대한 일종의 태도"라고 정의하였으며, 고동우(1998)는 '전반적 관광만족'이란 "관광활동을 통하여 여러 욕구가 충족된 정도를 의미하는 것으로서 관광자 자신의 총체적 관광체험에 대한 평가"라고 하였다.

이외에도 많은 연구자들이 관광자 만족에 관한 이해를 위해 다양하게 접근하였는데, 본 연구에서의 논의와 관련하여 관광자 만족의 결정요인을 밝힌 선행연구들을 요약하면 〈표 3-2〉와 같다.

〈표 3-2〉 관광자 만족 결정요인에 관한 선행연구

구 분	연구대상	주장한 관광자 만족 결정요인	검증여부
엄서호(1994)	주제공원	서비스 질	○
		가격, 접근성, 이용성	—
조선배(1995)	호텔	물적 환경, 서비스 질	○
		지각된 화폐가격	간접효과

구 분	연구대상	주장한 관광자 만족 결정요인	검증여부
박창규(1998)	주제공원	서비스 만족, 비용만족	○
한효민(1998)	주제공원	서비스 질, 지각된 화폐 · 비화폐 가격	○
고동우(1998)	제주도, 경주, 설악산	관광지 하위 영역, 타인관련 영역, 여행방식 영역, 활동자체 영역	○
김두하(1999)	주제공원	서비스 만족, 이용성 만족, 비용만족	○
Gomez-Jacinto 외(1999)	지역관광지	문화적 상호작용, 관광자 활동, 서비스 질	○
Neal 외 (1999)	여행	관광 서비스에 대한 만족	○
		여행에 대한 감정적 반응(trip reflections)	○
Baker와 Crompton (2000)	축제	서비스 질	○
		관광자의 사회심리적인 상태(요구 · 동기 · 성향 등) 관광자 외부적인 변수(날씨, 사회적 상호작용 등)	—

3-7 관광목적지 선택행동

관광행동은 소비행동의 한 형태이므로 관광목적지 선택과정은 소비자 행동 모형 중의 하나인 의사결정 과정으로 설명할 수 있다. 1980년대 들어서 이와 같은 목적지 선택행동과 관련되어 정보탐색 과정 및 대안평가 과정이 관광행동의 주요 대상이 되어왔다.

관광목적지 선택과 관련된 대표적인 연구들은 다음과 같다.

1) Timmermans의 연구(1982)

목적지 선택을 개인의 의도 · 선호, 그리고 목표가 고려되는 함축적인 인식과정(cognitive process)으로서 다루고 있다.

2) Louviere의 연구(1984)

Anderson의 정보통합이론을 논리적으로 발전시켜 위계적 정보통합이론(Hierarchical Information Integration Theory)을 제시하고 있다. 이 이론에 의하면 소비자는 각 대안의 지각된 속성을 평가한 후, 이 평가치를 통합하여 각 대안에 대한 전체적인 효용이나 선호를 형성하고, 그 중에서 가장 큰 효용을 갖는 대안을 선택하여 행동한다는 것이다.

3) Fesenmaier의 연구(1988)

특정 목적지의 선택은 개인의 심리적 의사결정 과정에 의하여 이루어진다고 보았으며, 목적지 선택에 대한 의사결정 과정은 3단계의 과정을 거친다고 보고 있다.

4) Um과 Crompton의 연구(1991)

목적지 선정에 관한 의사결정은 일반적으로 연속적인 단계를 거치게 되는데, 이 과정 중에서 고려되는 목적지들은 선택 세트(choice sets)로서 표현된다고 보았다.

5) Engel 등의 연구(1995)

관광자가 어떤 목적지를 선택할 것인가를 이해하기 위해서는 관광자가 선택할 대상을 좋아하는지 혹은 싫어하는지의 선호여부를 파악해야 하는데 이는 태도(attitude)로서 설명할 수 있다.

6) Ajzen과 Fishbein의 연구(1980)

관광목적지 선택에 있어 의사결정자들은 선택시 영향을 미치는 요소들로부터 각 목적지에 대한 주관적인 평가를 내리게 되며, 이 평가들을 가중 종합하여 각 대상지에 대한 선호를 결정한다고 보고 있다. 여기서 선호란 대상지 자체에 대한 태도를 나타내는 반면, 선택은 행동성향에 대한 상대적 강도를 나타낸다.

7) 김향자와 엄서호의 연구(1997)

계획행동이론에 근거하여 휴가목적지 선택행동에 영향을 주는 요인으로 목적지에 대한 지각매력(perceived attractiveness)과 지각행동 조절(perceived behavioral control)만을 가정하여 모형을 개발하였다.

지각매력이란 관광자의 욕구충족 차원에서 관광지 매력에 대한 개인의 지각으로 정의되며, 지각행동 조절이란 휴가지 선택을 수행하는 데 있어서 동기적 요인 이외의 선택행동을 쉽게 하기도 하고 때로는 어렵게 하기도 하는 개인적 지각으로 정의된다.

구체적인 과정은 [그림 3-4]와 같다.

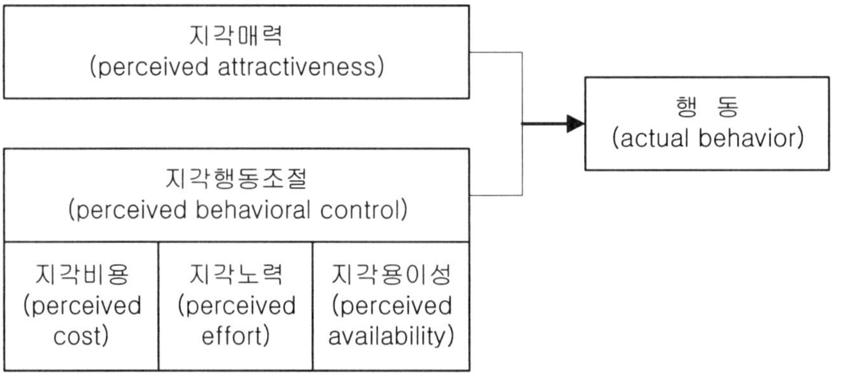

[그림 3-4] 휴가지 선택행동의 영향요인에 관한 모델

※ 자료원 : 김향자 · 엄서호(1997), 〈휴가목적지 선택결정 요인으로서 지각행동조절에 관한 연구〉, ≪관광학연구≫, 제21권 제1호, p.15.

3-8 호텔 선택행동

(1) 호텔 선택행동의 개념

호텔 선택행동의 개념은 관광자가 동일지역의 호텔들 중 특정 호텔을 선택함에 있어서 관광자가 경험하는 호텔 선택과정과 그 과정을 통하여 관광자가 취한 행위의 성격 및 구매행위 결정에 영향을 미치는 제요인을 파악하는 것이다. 즉, 관광자가 호텔 의사결정 과정에서 정신적·육체적·사회적·심리적으로 표출되는 행동양식이라 할 수 있다.

(2) 호텔 선택행동의 특성

호텔 선택행동은 관광자에 따라 다양한 선택행동이 이루어지며, 이러한 관광자 선택의 다양성은 관광자가 속해 있는 사회·문화에 의해 형성된 가치관·개성 등에 기인한다. 따라서 일반적인 호텔 선택행동의 특성은 다음과 같다.

첫째, 관광자가 인지하고 있는 호텔의 환경인식 차이와 인구통계학적인 차이에 의해 선택행동을 달리한다.

둘째, 관광자의 선택행동은 주관적인 사고를 가지며 목표지향적이다.

셋째, 관광자의 동기와 행동은 외적으로 영향을 받으며, 관광자행동은 순환적 과정 속에서 관광자는 스스로 교육의 필요성을 갖게 된다.

넷째, 호텔경영의 특성 중 하나인 생산과 소비의 동시성으로 종사자 서비스, 물리적 환경, 서비스 품질 등에 관광자가 부분적으로 참여하게 되어 다양한 상호작용을 초래한다.

다섯째, 호텔상품의 서비스성으로 인하여 부분적으로는 구매하고 소비하기 전에는 볼 수 없고, 만질 수 없으며, 평가할 수 없다.

여섯째, 평가에 있어서도 구매 후 즉시 평가할 수 있는 것이 아니라 투숙으로 인한 장기간의 경험에서 평가가 가능하다.

(3) 호텔 선택행동의 영향요인

인간의 모든 행동이 선택과 관련이 있는 것처럼 호텔 이용자 또한 자신의 행동을 결정하는 과정 속에서 수많은 요인들이 변수로 작용한다. 이러한 일련의 요인들에 대하여 체계적으로 이해하기 위해서 호텔 선택행동의 영향요인들을 크게 일반적 요인과 환경적 요인으로 분류하였다.

1) 일반적 요인

개인적 요인은 인간의 욕구상태와 관련된 심리적 구성요소로서 관광자 행동에 기동력을 주는 활력소나 긴장 시스템을 말한다. 개인의 특성, 즉 연령, 직업, 경제적인 환경, 생활양식과 동기유발, 학습, 신념 등이 개인의 심리과정에 영향을 주는 요인이다.

2) 환경적 요인

여러 연구에서 호텔 선택행동에 영향을 주는 환경적 요인을 크게 5가지로 분류하였으며, 그 구체적인 요인은 다음과 같다.

첫째, 위치이다. 위치가 좋다는 것은 교통이 편리하거나 관광자의 접근이 용이하며, 기타 쇼핑·관람 등 다른 목적의 활동으로 연계하기 좋다는 것을 의미한다. 휴양지 호텔의 경우 수려한 주위경관, 레저활동의 용이 등이 좋은 위치의 기준이 된다.

둘째, 분위기이다. 분위기는 호텔상품의 환경의 질로서 심리적 인식의 분위기와 시각적 분위기가 조화되어 관광자에게 안정감과 안락감을 주는 것을 말한다. 이때 분위기는 포괄적으로 이미지라는 개념으로 나타날 수 있다. 분위기는 구체적으로 호텔의 주위경관, 조명시설, 실내장식, 음향시설, 종사원의 용모, 청결성, 친근감 등 내외부의 전반적인 환경이 잘 조화되고 좋은 이미지로 정착될 때 해당 호텔의 선호도는 높아진다.

셋째, 광고와 판매촉진 활동이다. 호텔의 상품을 구매하기 전에는 그 상품의 사전평가가 불가능한 무형적 상품이므로 아무리 관광자에게 매력과 만족을 줄 수 있는 훌륭한 호텔일지라도 관광자가 인식하지 못하면 무용지물이다. 그러므로 관광자의 이용동기를 자극할 수 있는 효율적인 선전방안이 강구되어야 할 것이다. 또한 주위의 권유, 친구나 가족 등의 인간관계 속에서 구전광고에 의해 구매선택을 하는 경향이 높은 점도 참고하여야 할 것이다.

넷째, 서비스 품질이다. 종사자의 훌륭하고 친절하며 전문적인 서비스는 관광자로 하여금 진심으로 환영받는 느낌을 갖게 되어 관광자가 만족하였을 때 방문의 효과를 갖게 된다.

다섯째, 경제성이다. 호텔의 특징은 관광자로 하여금 양적·시간적·장소적 제약이 많은 비신축적 상품으로 구입과 소비의 동시성으로 관광자들은 경제적 가치를 고려하게 되는 것이다.

(4) 호텔 선택행동의 의사결정 과정

관광자의 호텔 선택행동 의사결정 과정은 관광자의 욕구와 필요에서 출발하여 선택까지 총체적인 순환과정을 의미한다. 즉, 관광자는 호텔을 선택하기까지는 여러 가지 동기가 있고, 또 동기가 선택행동으로 나타나기까지는 여러 단계의 과정을 거치게 된다. 의사결정 과정은 재방문에 영향을 미치기 때문에 선택행동의 의사결정 과정은 유기적이며, 순환적인 과정을 이해해야 한다[그림 3-5].

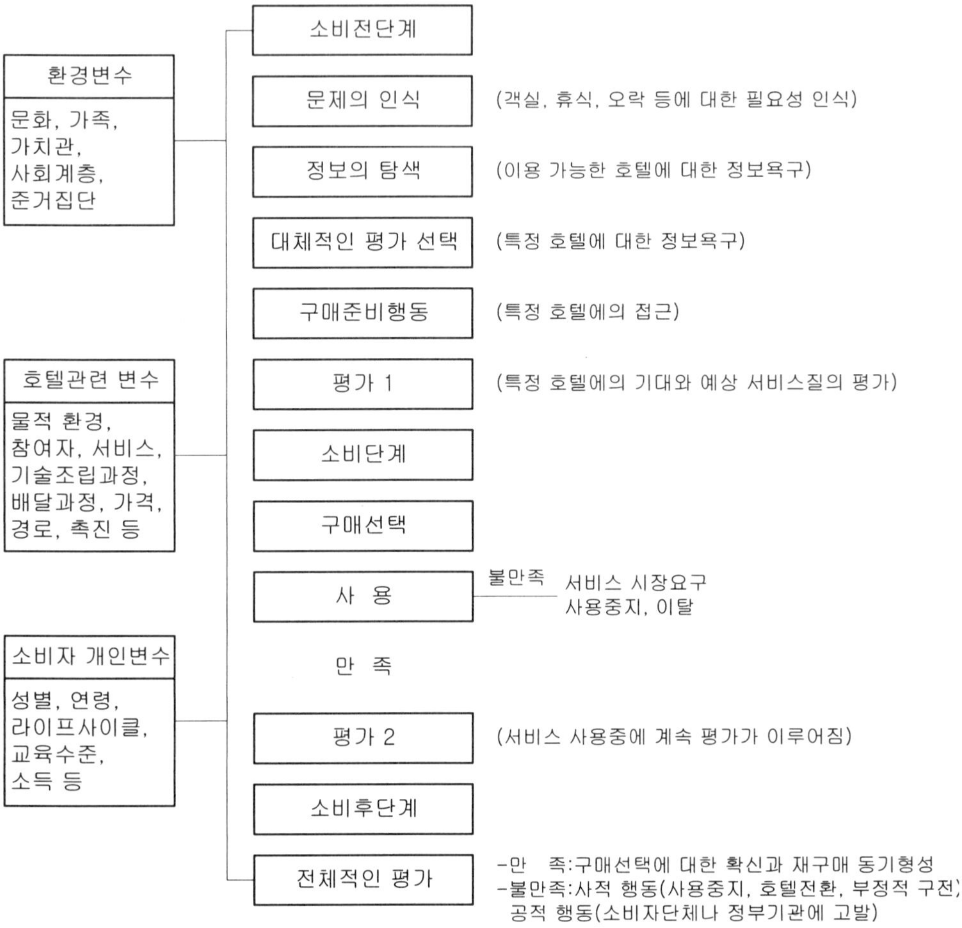

[그림 3-5] 호텔 선택행동의 의사결정 과정

※ 자료원 : 금경호(2000), 〈관광호텔 관광자의 선택행동에 관한 연구〉, ≪관광경영학연구≫, 제10호, p.40.

(5) 호텔 선택행동의 선행연구

호텔 선택행동에 영향을 미치는 요인들을 선행연구를 통해 정리한 결과는 〈표 3-3〉과 같다.

〈표 3-3〉 호텔 선택행동의 영향요인

연구자	연구내용	영향요인
Lewis (1985)	호텔선택의 중요속성 연구	사업여행자 : 서비스 질, 안전, 청결, 예약 서비스 등 관광여행자 : 청결, 안전, 이미지
Knutson (1988)	호텔선택의 중요속성 연구	사업여행자 : 정숙과 안락, 편리한 입지, 안전, 서비스, 친절 관광여행자 : 객실의 청결과 안락, 안전과 보안, 객실요금, 서비스
McCleary와 Weaver(1990)	호텔선택시 중요속성 연구	청결, 침대 및 린넨의 질과 친절성, 안전, 명성, 주차편리성
차복재 (1987)	호텔선호 태도에 영향을 미치는 속성	분위기 및 서비스 속성
박진영 (1994)	호텔평가 속성	호텔의 선택속성을 4개 차원으로 구분 시티호텔과 리조트호텔별 중요속성 비교
오문환 (1995)	호텔선택시 가격과 서비스 비교	서비스가 가격보다 더 영향을 미침
금경호(2000)	호텔 선택행동 연구	VIP 카드와 가격이 가장 중요

※ 자료원 : 저자 정리

3-9 관광행동과 장애요인

관광행동 발생을 Hudman과 Hawkins(1989)는 사회심리적 요인을 뜻하는 푸시(push)와 충동적 요인들을 말하는 풀(pull) 개념을 도입하여 설명하고 있다. 이러한 것들은 관광자들에게 관광동기 부여를 할 뿐만 아니라 특정지역의 관광매력성 정도를 나타내고 있다. 관광행동 결정요인을 보면, 우선 관광자가 내부적 요인인 관광욕구가 생겼을 때 그에 따른 가처분소득, 여가시간 그리고 관광정보 등의 외부적 요인이 조화를 이룰 때에 관광행동으로 이어지게 된다.

이러한 관광행동이 결정되는 순서는 먼저 인간의 다양한 욕구 중 관광욕구가 증대된 상태에서 관광동기가 부여되어 관광의욕을 자극하게 되며, 여기에 경제적 조건인 비용과 여가조건인 시간이 구비되면 관광계획을 수립하여 실행하게 된다.

이러한 관광행동 수립의 5단계별 특징을 살펴보면, 첫 단계, 관광욕구 증대에서는 "관광을 하고 싶다" 혹은 "어디에서 얼마간 무엇을 할 것인가?" 하는 등을 느끼며, 이러한 관광동기 부여와 문제해결(마음의 여유, 스트레스, 나에게 적합한 프로그램 등)을 위한 관광정보의 탐색이 필요한 단계이다. 이러한 단계가 관광출발 여부를 결정하는 단계이다.

두번째 단계에서는 관광욕구가 증대되어 관광동기 부여와 문제해결(관련정보, 함께 할 사람, 휴일 등)을 위한 관광정보의 탐색(과거 경험, TV·신문·잡지·라디오 등)을 통해 관광의욕의 자극이 되는 단계이다.

세번째 단계는 관광계획 수립으로 관광에 소요될 비용이 준비가 되고, 시간적 여유가 있는 상태에서 충분한 정보가 수집되면 관광자는 이러한 것들을 종합하여 평가한다.

네번째 단계는 목적지 결정으로서 관광목적지를 결정하는 데 가장 핵심적인 쇼핑이나 편하게 목적지까지 갈 수 있는지, 야간활동시설이 잘

되어 있는지, 적당한 가격인지, 관광목적지로서 매력은 있는지, 숙박시설은 편리한지, 안전한 지역인지 등의 내용들을 가지고 관광목적지를 결정한다. 마지막 번째는 관광행동으로 직접 실행하는 단계이다.

이러한 단계별에서 발생될 수 있는 관광장애들은 기존에 여가장애의 연구들에서 찾아보면, 시간 · 비용 · 능력 등 개인적 요인, 시설 · 기회 등 사회적 요인이 기본적으로 포함되며, 조사대상이 되는 활동의 종류 및 조사대상자에 따라 그 외의 다양한 요인들이 포함된다고 할 수 있다.

Case 2 한일 공무원의 관광장애요인 비교분석

한일 공무원들의 관광장애요인 비교분석 결과 한국 공무원들은 가장 큰 장애요인으로 '비용' 부문에서 가장 높은 장애를 갖고 있는 것으로 응답한 반면에 일본 공무원들은 '마음의 여유'가 없어서 관광장애요인으로 조사되었다. 상대적으로 한국 공무원들의 경제적 부담이 관광을 하고자 하는 데 있어서 가장 큰 장애요인으로 분석되어 한국 공무원들의 경제적 부담을 덜 가질 수 있는 관광상품 가격결정이 상당히 요구되는 부분이라고 볼 수 있다.

반면에 일본 공무원을 상대로 한 in-bound 상품개발에 있어서 한국관광을 통해서 공무원 생활에서 오는 스트레스 해소를 위해서 보다 마음을 편하게 가질 수 있도록 프로그램 개발이 되어야 할 것이다.

다음으로 관광장애요인으로 느끼고 있는 것은 한국 공무원들은 '마음의 여유'가 두번째 장애요인으로 나타난 반면, 일본 공무원들은 '휴일 부족'이 두번째 관광장애요인으로 조사되었다. 세번째 관광장애요인으로는 한국 공무원은 '함께 할 사람이 없다'로 나타났고, 일본 공무원은 '비용문제'가 세번째 관광장애요인으로 분석되었다. 즉, 이러한 것들을 종합해보면, 한국 공무원들의 관광장애요인으로 '비용문제', '함께 할 사람이 없다', '마음의 여유' 부문에서 가장 큰 관광장애요인으로 조사된 반면에 일본 공무원들은 '마음의 여유', '휴일 부족', '비용문제' 순으로 관광장애를 갖고 있는 것으로 조사되었다. 한일 공무원들은 대체적으로 '마음의 여유'와 '비용문제'에서 가장 심각한 관광장애요인으로 인식하고 있다.

〈표 3-4〉 한일 공무원들의 관광장애요인 분석

구 분	한국 공무원			일본 공무원		
	Mean	Std. Deviation	순위	Mean	Std. Deviation	순위
마음의 여유가 없다.	3.550	1.5054	2	3.495	1.0157	1
집을 비울 수가 없다.	2.933	2.0156	5	2.495	0.9285	8
비용이 너무 든다.	3.800	2.4788	1	3.369	0.9193	3
피곤해서 할 수가 없다.	2.600	0.8240	7	2.697	0.9790	5
나에게 맞는 프로그램이 없다.	2.300	1.0579	9	2.647	0.9530	6
시간이 모자란다.	1.416	0.8258	10	3.361	1.1329	4
가족 중 함께 할 사람이 없다.	3.500	1.0125	3	2.100	0.9333	10
가족 이외 함께 할 사람이 없다.	2.500	0.9258	8	2.134	0.8918	9
휴일이 부족하다.	3.366	0.9160	4	3.453	1.0147	2
관련된 정보가 너무 없다.	2.700	0.9753	6	2.647	1.0049	7
① 전혀 그렇지 않다 ② 그렇지 않다 ③ 보통 ④ 그렇다 ⑤ 매우 그렇다						

이러한 문제점들을 해결하기 위해서는 'incentive tour'와 같은 공무원 조직 내 복지 프로그램들이 개발되어야 할 것으로 사료되며, 한일 공무원을 상대로 한 관광상품 가격정책을 중저가 정책을 유지하는 것이 공무원들의 관광만족도를 높이는 데 보다 더 효과적일 것이다.

상대적으로 한일 공무원들의 관광장애요인으로 전혀 느끼지 않는 것을 살펴보면, 한국 공무원들은 대체적으로 '시간적 여유'가 많이 있는 것으로 응답하였으며, 일본 공무원들은 '함께 할 사람이 없다'에서 전혀 관광장애요인으로 인식하고 있지 않는 것으로 조사되었다.

※ 자료원 : 정용악 · 주상욱 · 박홍식(2002), 〈관광행동과 장애요인 : 한일 공무원을 중심으로〉, ≪문화관광연구≫, 제4권 2호, pp.459-470.

Case 3 노인관광의 제약요인

상기 연구 결과 먼저 노인들은 관광지의 혼잡, 여행요금, 안내자 부족 등에서 관광의 제약을 받고 있는 것으로 나타났다. 이러한 요인들은 노인들이 해결하는 것보다는 주로 정책적인 지원을 필요로 하는 사항들이기 때문에 노인들을 전담하는 관광기구 및 관광안내원의 배치가 이루어져야 한다.

〈표 3-5〉 노인관광 제약요인

항 목	McGuire (1980)	Blazey (1984)	Blazey (1987)	김성혁·김상회 (1996)
여행은 연장자에게 어울리지 않음		●		
정보획득의 곤란		●	●	●
많은 계획	●	●	●	●
여행자금 부족	●	●	●	●
여행에 필요한 옷이나 짐	●	●	●	
여행시간 부족	●	●	●	●
여행의 일상생활 방해	●	●	●	●
일이 너무 바빠서	●	●	●	●
장소선택의 실수		●		●
가족이나 친구의 반대	●			
여행에 대한 죄의식	●	●	●	●
배우자의 반대		●	●	●
동행할 여행친구의 결여	●	●	●	
여행에 무관심	●	●	●	●
여행을 할 정력이 없다	●	●	●	●
건강문제	●	●	●	●
교통수단	●	●	●	●
너무 늙어서	●	●	●	●
목적지의 테러위험	●		●	●
항공여행의 어려움			●	
너무 많은 의사결정	●		●	●
호텔이나 모텔에서 체류문제			●	●
실수에 대한 두려움	●		●	●
다른 사람이 놀릴까봐서	●			●
여행방법의 무지	●			●
기후	●			●
병	●			●
가족에 대한 책임감	●			●
여행활동 내용 빈약	●			●
여행비용이 비싸다				●
관광지가 너무 혼잡				●

둘째, 노인들은 경제적인 자금부족에 의해 많은 제약을 받고 있는 것으로 나타났다. 이러한 문제들은 노인들 자신의 문제라고 볼 수 있으나, 여행상품을 제공함에 있어 관광객들이 많이 몰리지 않는 비수기를 이용해서 보다 저렴한 비용으로 상품을 개발하는 것이 바람직할 것이다.

셋째, 노인들에게 있어서 일반인들과 동일시된 여행상품은 관광에 있어 제약을 받고 있다고 할 수 있다. 이것은 노인들의 욕구와 라이프스타일 등의 특성을 무시하고 여행상품을 개발했기 때문일 것이다. 따라서 노인들의 입장에서 그들의 욕구와 생활양식 등을 고려한 여행상품의 제공이 요구된다.

※ 자료원 : 김성혁 · 김상회(1996), 〈노인층의 관광제약요인에 관한 연구〉, ≪관광학연구≫, 한국관광학회 20(1), pp.35-51.

제 4 장 지각과 관광행동

인간은 시각 · 청각 · 촉각 · 미각 · 후각을 가지며 이를 통해 세상의 사물과 사건을 알게 된다. 감각기관에의 자극은 감각을 초래하며 그러한 감각의 해석을 '인식' 혹은 '지각'이라고 한다. 어떤 객관적 현실이 아니라 자신의 지각을 기초로 하여 행동하고 외부의 자극에 반응을 보인다. '사실 그대로의 세계'가 아니라 '그렇게 여기는 대로'의 세계이다.

즉, 감각은 외부의 사물을 오각을 통해 있는 그대로 받아들이는 반면, 인식은 그러한 감각기관을 통해 들어온 자극물을 개인이 지닌 가치 · 경험 · 욕구 등에 입각하여 의미 있는 것으로 조직화하는 기능을 수행한다.

4-1 지각의 과정

지각은 소비자가 외부자극의 요소들을 조직화하고 나름대로 의미를 부여하여 하나의 전체적 형상을 그리는 것으로 동일한 자극에 노출되더라도 소비자들마다 지각은 얼마든지 다를 수 있다. 소비자의 지각과정은 지각적 조직화와 지각적 해석에 의해 이루어진다.

4-1-1 지각적 조직화

소비자가 어떤 자극이나 대상과 관련이 많은 요소들을 통합하는 메커니즘(작용)을 말한다.

지각적 조직화의 기본원리는 통합(integration)이다. 통합의 원리를 연구하는 심리학 분야를 게슈탈트(Gestalt) 심리학이라고 한다. 게슈탈트 심리학은 사람들이 좋은 전체적인 형상을 갖기 위해 노력하는 것으로 본다는 것이다.

(1) 지각적 조직화의 원리

게슈탈트 심리학자들의 가설에 바탕을 둔 지각적 조직화의 원리는 다음과 같다.

1) 형상과 배경

사람들은 그들의 지각을 두 가지 유형으로 조직화하는 경향이 있다. 첫째는 형상(figure)인데 이는 자극에서 보다 두드러진 요소로 받아들이는 부분이다. 둘째는 배경(ground)인데 이는 상대적으로 덜 두드러지게 지각하는 부분이다.

■ 형상 : 이는 자극에서 보다 두드러진 요소로 받아들이는 부분이다.
■ 배경 : 이는 상대적으로 덜 두드러지게 지각하는 부분이다.

[그림 4-1]에서의 경우 이 그림을 화병으로 볼 수도 있고, 두 사람이 얼굴을 마주하고 있는 것으로 볼 수도 있다.

[그림 4-1] 형상과 배경

형상과 배경에 대한 아주 잘 알려진 예로서 '따봉' 주스 광고를 들 수 있다. 많은 사람들에게 한때 '따봉'이라는 말은 아주 유행어였다. 이 말은 한 오렌지주스의 광고에서 나왔고, 이 광고는 대단한 히트작이었다. 그러나 그만큼 주스는 잘 팔리지 못했고 경쟁사에 비해 주스 판매량에서는 뒤떨어지고 말았다. 그 이유는 따봉이라는 유행어가 형상으로 작용했고, 그에 비해 주스는 배경으로 작용하여 소비자들에게 깊게 기억되지 못했기 때문이다.

2) 완 결

완결(closure)은 자극이 불완전할 때 불완전한 부분을 완전하게 채워서 가급적 완전한 개체로서 지각하는 경향을 말한다. 마케터는 때로는 고의로 불완전한 자극을 제공함으로써 소비자가 정보처리를 하는 동안 자극에 대한 관여도를 높이고 주의를 끌 수 있다.

3) 동화 및 대조

개인은 자극 간의차이를 최대화 혹은 최소화하려는 습성을 가지고 있다. 즉 동화(assimilation) 및 대조(contrast)의 성향을 가지고 있다. 개인은 자극을 실제보다 더 유사하게 인식하거나(동화), 혹은 그 차이를 인식적으로 실제보다 과장하려는 경향이 있는데 이 양자는 모두 자극물을 단순화하려는 인식적 성향 때문이라고 한다.

4) 집단화

집단화(grouping)는 여러 요소들을 분리된 단위들이 아닌 묶음(chunk)으로 지각하는 것을 말한다. 집단화의 원리에는 근접성 · 유사성 · 연속성이 있다.

① 근접성

근접성(proximity)이란 한 요소가 가장 가까운 다른 요소와 연결지어서 지각하는 경향이다. [그림 4-2]에서 12개의 점들을 볼 때 대부분의 사람들은 4행의 3점들보다는 3열의 4점으로 지각하는데 이는 바로 근접성으로 설명할 수 있다. 많은 광고들이 근접성의 원리를 이용하는데, 예를 들어 화장지 광고를 하면서 고양이를 등장시킨다면 고양이털의 부드러움이 화장지와 연결되어 지각될 수 있기 때문이다.

② 유사성

유사성(similarity)이란 자극의 요소들 중 유사한 것끼리 연결해 지각하는 경향이다. [그림 4-2]에서 많은 사람들은 두 세트의 정사각형 4개와 한 세트의 원 4개로 지각한다.

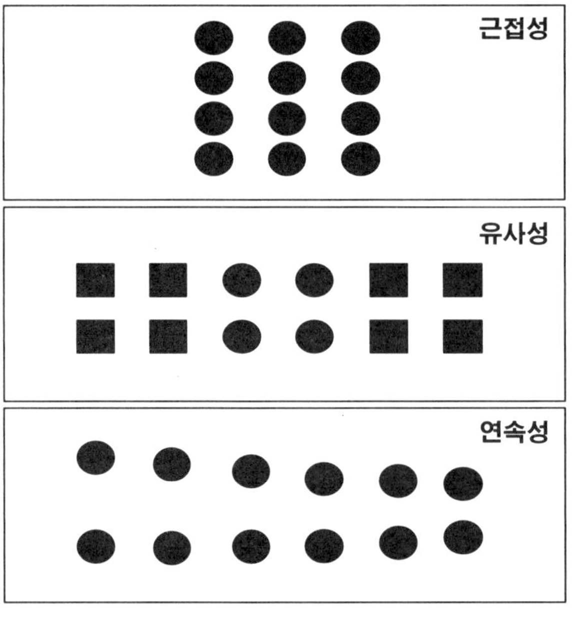

[그림 4-2] 집단화의 원리

③ 연속성

연속성(continuity)이란 경우에 따라 자극의 요소들을 분리하여 단속적으로 지각하지 않고 연속적으로 지각하는 것을 말한다. [그림 4-2]에서 대부분의 사람들은 원의 7개 열로서보다는 오른쪽 지향의 원들로 지각하는 것이다.

(2) 지각적 해석

소비자가 자극의 요소들을 조직화하게 되면 그 자극을 해석하게 된다. 지각적 범주화와 지각적 추론의 두 가지 기본원리가 있다.

1) 지각적 범주화

소비자가 자극에 노출되면 그 자극을 기억 속에 가지고 있던 기존의 스키마(schema : 형태)의 것과 관련지음으로써 자신의 방식으로 그것을 지각하게 하는 것을 지각적 범주화(perceptual categorization)라 한다.

소비자가 외국계 체인호텔의 광고를 보았을 때 그 호텔은 아주 화려하고 가격 또한 비쌀 것으로 쉽게 인식하는데, 이것은 그 소비자에게 외국계 체인호텔에 대한 그러한 스키마가 있기 때문이다.

■ 스키마 : 현재의 정보를 응집력을 갖는 조직단위로 통합시키는 가설적 인지구조(hypothetical cognitive structure)로 정의할 수 있다. 스키마는 계층적 특성을 지니는데 소비자는 특정 상표에 대한 스키마를 가질 수도 있고 여러 상표들로 구성되는 특정 상표군에 대한 스키마를 가질 수도 있다.

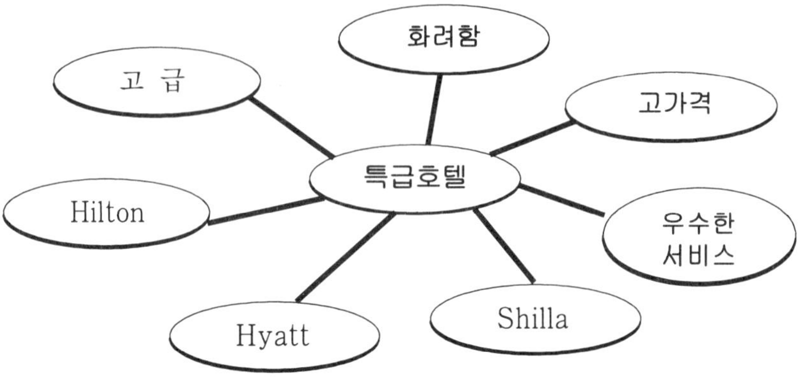

[그림 4-3] 지각적 범주화

2) 지각적 추론

지각적 추론(perceptual inference)이란 어떤 요소들로부터 다른 요소들을 추리하는 것을 말한다. 소비자는 제품의 품질을 가늠할 충분한 정보를 갖고 있지 못할 때 가격이 높을수록 품질이 더 좋은 것으로 생각하는 경향이 있는데 이는 바로 지각적 추론에 의한 것이다.

'가격-품질 연상심리(price-quality association)'가 이것을 응용한 것인데, 보통 연말에 신문사나 언론매체에서 10대 히트상품을 선정·공표하여 발표하는데, 그 이유는 10대 히트상품에 선정되었다고 광고하는 이유는 소비자들에게 히트상품으로 지각되어 많이 판매된 제품으로 인식되기 때문에 그러한 제품을 소비자들이 많이 구입하기 때문이다.

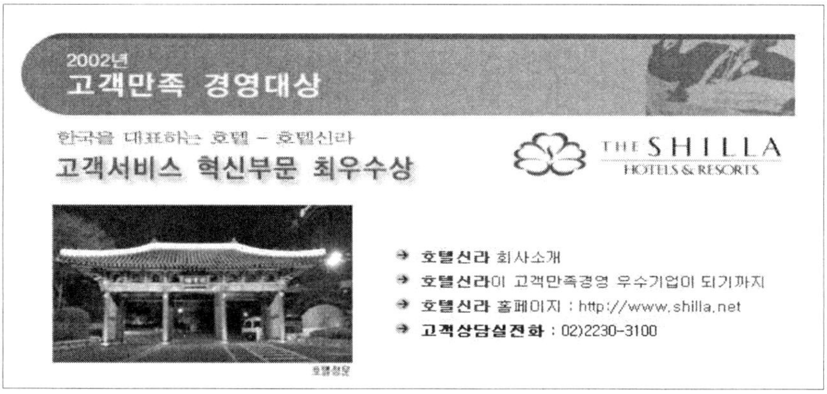

[그림 4-4] 우수기업 광고의 예

4-1-2 지각의 과정

지각의 과정은 고도로 선택적이다. 가정·직장 등 우리가 살고 있는 환경은 수많은 대상들로 꽉 차 있기 때문에 그렇다. 우리의 지적 능력은 한정되어 있기 때문에 우리 주변에서 존재하거나 일어나는 일의 극히 적은 부분에서만 주의를 기울이고 기억할 수 있다.

사실 '지각'이란 자극에 대한 연속적인 여과과정이다. 주변환경으로부터 정보를 처음 받아들이면, 그것을 다른 지각과 함께 해석 또는 통합하게 되며, 나아가 그것이 계속적으로 행동에 영향을 미치는 경우에 한해서 상당기간 동안 기억될 수 있는 것이다.

① 선택적 관심 : 비본질적, 무관한 것 또는 개인적으로나 문화적으로 수용하기 어려운 것을 제외시키는 것이다.

② 이해 : 자극을 이해하는 한 가지 방법은 사람·행동·사건·대상 등

을 범주화시키는 것이다. 이를 고정관념, 즉 '상동형 스테레오 타이핑'이라고 명명한다.

③ 선택적 기억 : 사람들이 지각한 정보가 일정 기간 기억될 수도 있고 그렇지 않을 수도 있다는 것을 의미한다. 일반적으로 사람들은 자신의 요구나 가치, 그리고 선입관과 관련된 정보를 기억 속에 저장한다고 믿고 있다. 반대로 관련이 없는 정보는 종종 쉽게 망각된다. 게다가 기억은 우리가 접하는 정보가 우리의 태도·선입견, 그리고 생활 스타일과 일치할 경우 더 큰 정확도를 가지면서 이루어진다는 주장도 있다.

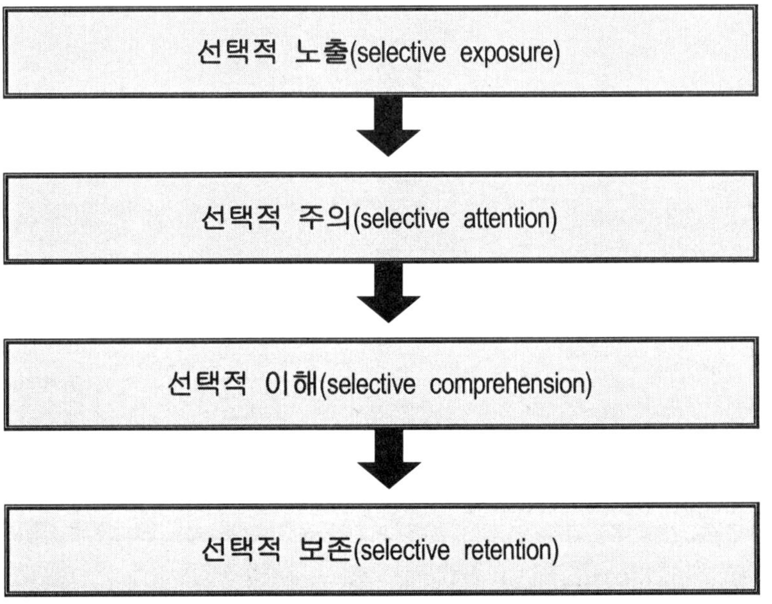

[그림 4-5] 지각의 과정

4-2 지각의 응용

4-2-1 브랜드 인지

(1) 브랜드 인지의 개념

미국마케팅학회에서는 브랜드를 "판매자가 자신의 제품이나 서비스를 다른 경쟁자와 구별해서 표시하기 위하여 사용하는 명칭·용어·상징·디자인·혹은 그의 결합체"라고 정의하고, 유동근은 브랜드를 "어떤 제품에 대한 표시와 상징에 관한 통괄명칭"으로 정의하고 있다.

즉, 브랜드는 자신의 제품을 확인하고, 다른 경쟁자의 제품과 구별하기 위하여 판매자가 사용하는 단어·상징·디자인, 또는 이들의 결합이라고 정의하고 있다.

그러나 브랜드는 더이상 상품이나 서비스에 있어서 경쟁사의 그것들과 구분해주는 역할만을 하지는 않는다. 브랜드는 이러한 기본적인 기능 이외에 소비자에게 제품구매 전에는 그 기업에 대한 친근감을 주며, 제품구매시에는 안정감을 제공하기 때문에 고객에 대한 약속이라고 한다.

즉, 브랜드는 "자신의 상품이나 서비스를 다른 경쟁자와 구별해서 표시하기 위해 사용하는 명칭"을 의미하고, 브랜드 자산은 "동일한 마케팅 노력을 투입했을 때 브랜드력이 없는 상품과 있는 상품간에 나타나는 이익의 차이"로 정의할 수 있다. 브랜드는 '금액으로 환산할 수 없는 가치'의 개념으로까지 진화되었다고 볼 수 있다.

국내외의 유명 브랜드를 금전적으로 환산한다면 〈표 4-1〉, 〈표 4-2〉와 같은 결과로 나타날 수 있을 것이다.

〈표 4-1〉 세계 10대 브랜드 가치

순위	브랜드명	브랜드 가치(억$)
1	코카콜라	696
2	마이크로소프트	641
3	IBM	512
4	GE	413
5	인텔	309
6	노키아	300
7	디즈니	293
8	맥도날드	264
9	말보로	242
10	메르세데스	210

〈표 4-2〉 국내 브랜드 가치

순위	브랜드명	브랜드 가치(억원)
1	삼성전자	88,002
2	LG전자	36,725
3	SK텔레콤	24,127
4	한국통신	16,581
5	포스코	11,005
6	현대자동차	10,687
7	KTF	9,800
8	롯데쇼핑	9,463
9	삼성SDI	7,977
10	SK(주)	7,743

※ 자료원 : 인터브랜드(www.interbrand.com)

특정 브랜드가 소비자의 기억 속에 저장되어 있지 않거나 저장되어 있더라도 구매결정시 회상되지 않는다면 그 브랜드는 선택될 수 없을 것이다. 그러므로 브랜드 자산 구축의 첫 단계는 소비자에게 자사의 브랜드를 인식시키는 활동일 것이다.

브랜드 인지란 소비자가 한 제품범주에 속한 특정 브랜드를 인식(recognition)하거나 회상(recall)할 수 있는 능력을 말한다. 여기서 브랜드 인지란 다양한 상황에서 특정 브랜드를 확인할 수 있는 능력과 관련된 것으로 이는 특정 브랜드에 대한 정보(브랜드명, 로고, 패키지)가 기억 속에 저장되어 있는지의 여부를 의미한다.

즉, 여러 브랜드 사이에서 전에 보았거나 들었던 브랜드를 정확히 분별할 수 있는가를 말한다. 그리고 브랜드 회상이란 소비자가 이미 기억 속에 저장되어 있는 특정 브랜드의 정보를 인출할 수 있는 능력을 말한다.

소비자는 구매결정시 한 제품범주 내에서 여러 가지의 브랜드를 기억 속에서 인출하고 그 중에서 하나의 브랜드를 선택하게 된다. 그 중 가장 먼저 인출된 브랜드를 최초 상기(top of mind) 브랜드라고 하는데, 이것은 가장 강력한 인지도를 가진 브랜드로서 시장에서 상당한 경쟁적 우위를 점하게 된다.

브랜드 인지는 [그림 4-6]과 같이 소비자가 느끼는 정도에 따라 "그 브랜드를 알고 있는 것 같다"는 가장 낮은 수준의 인지도인 브랜드 인식으로부터 그 다음 단계인 브랜드 회상, 그리고 어떤 제품의 시장에서 "그 브랜드만 있는 것으로 알고 있다"는 강한 인지 수준인 최초 상기까지 세 가지 다른 수준의 개념으로 구성된다.

[그림 4-6] 브랜드 인식 피라미드

(2) 브랜드 인식의 역할

브랜드 인식은 네 가지 측면에서 상품의 가치를 창조하는 역할을 한다.

첫째, 제품이미지를 연결해주는 매체로서의 역할로 브랜드 인지는 마케팅 커뮤니케이션의 가장 기본적인 목적이다. 브랜드 인지 없이 제품구매 결정을 내리는 경우는 드물고, 신상품의 성공을 예측하는 거의 모든 계량기법들이 브랜드 인지를 중요한 변수로 다루고 있다. 더욱이 소비자가 브랜드 이름을 인지하지 않은 상태에서 그 제품이 주는 편익이나 특징·장점을 배우기가 힘들다. 브랜드 인지에 대한 소비자의 인지가 어느 정도 수준에 오른 후 그 브랜드 이름에 새로운 연상 이미지를 연결시키는 것이 마케팅의 임무이다.

둘째, 제품에 대한 친근감과 호감을 제공하는 역할로 브랜드 인지는 제품에 대한 친근감을 주는 바탕을 마련한다. 특히 비누·껌·설탕·화장지 등 관여도가 낮은 제품의 경우 브랜드에 대한 소비자의 친근감이 구매결정을 좌우할 때가 있다. 제품평가의 동기가 없는 경우 브랜드가 소비자에게 친근감을 주는 것만으로도 구매와 연결될 수 있다.

셋째, 제품과 회사에 대한 신뢰감을 부여하는 역할로 소비자가 브랜드를 인식하고 있다는 사실은 그 제품이 시장에 나와 있다는 것, 제품에 대한 신뢰감, 제품특성 등에 대해 소비자가 인식하고 있다는 표시로서 매우 중요한 의미를 가진다. 소비자 관여도기 낮은 제품은 물론 구매액수와 소비자 관여도가 높은 제품을 구매할 때도 브랜드 인식과 관련되어 있는 친근감과 회사의 신뢰도가 구매의사에 큰 영향을 미치게 된다.

넷째, 구매 고려대상 브랜드군에 포함시키는 역할로 제품구매 과정에서 소비자는 우선 고려해볼 브랜드를 마음속에 선정한다. 구매과정 동안 소비자들은 특별한 경우가 아니면 아주 많은 브랜드 이름을 접할 기회가 없다. 그러므로 소비자가 상기할 수 있는 브랜드 이름이 된다는 것은 구매고려 브랜드군에 포함되기 위한 필수요건이다. 브랜드 인식은 중요한 브랜드 자산임에는 틀림없지만 브랜드 인식 스스로 매출을 창출하지는 못한다.

(3) 브랜드 인지도 · 선호도 측정방법

브랜드 인지도란 소비자가 한 제품범주에 속한 특정 브랜드를 제안하거나 회상할 수 있는 능력을 말하는데, 브랜드 인식이란 다양한 상황에서 소비자가 특정 브랜드를 확인할 수 있는 능력을 의미하는 것으로 이를 측정하는 방법은 소비자에게 특정대상(브랜드명, 심벌, 로고) 등을 보여주거나 말하고 나서 그에 대하여 어느 정도 알고 있는지를 답하게 하는 것이다.

브랜드 회상은 소비자가 자신의 기억 속에 저장되어 있는 특정 브랜드에 대한 정보를 인출할 수 있는 능력을 말하는 것으로 이를 측정하는 방법에는 두 가지가 있다.

첫째, 제품의 범위만을 제시하여 소비자가 자신의 기억 속에서 인출 가능한 브랜드를 인출하는 순서대로 나열하도록 하는 방법으로 비보조회상이라 한다.

둘째, 브랜드 회상에 필요한 단서를 제공하고 나서 소비자로 하여금 인출 가능한 브랜드들을 인출하는 순서대로 나열하는 방법으로 보조회상이라 한다.

브랜드 선호도는 호의적인 태도가 유사성이나 불변성 측면에서 일정한 기간 동안 지속적으로 나타날 때 존재하며, 특정 브랜드를 구매하고자 하는 강한 의지의 표현이다.

이러한 브랜드 선호도를 측정하는 방법에는 여러 가지가 있으나 브랜드의 선호 정도, 브랜드 선호의 불변성, 브랜드명 충성도를 측정하는 것 등이 대표적인 방법이라 하겠다.

브랜드 선호 정도를 측정하는 방법은 소비자에게 "어느 브랜드를 더 좋아하십니까?"와 같은 질문을 던져서 브랜드 선호를 측정하는 방법이다. 그리고 브랜드 선호의 불변성 측정은 일정 기간 동안의 태도 불변성을 측정하는 방법이다.

한국능률협회에서는 K-BPI(한국산업의 브랜드 파워 지수, Korea-Brand Power Index)라고 하는 브랜드 파워 지수를 이용하여 브랜드 인지도를 측정하였는데, K-BPI 모델은 소비자의 인지 구조적 관점에서 브랜드 인지도와 브랜드 충성도를 중심으로 측정한 것이다.

K-BPI에서 사용한 공식은 다음과 같다.

> K-BPI(80%) = 최초 상기 50% + 총 비 보조인지 20% + 보조인지 10%
> 0.5X1 + 0.2X2 + 0.1X3
>
> X1 = 최초 상기, X2 = 총 비 보조인지, X3 = 보조인지도

(4) 브랜드 인지와 관광의사 결정

의사결정이란 일정한 목표를 설정하고 그 목표를 효과적으로 달성하기 위한 몇 가지 대안 가운데 가장 유리하면서도 실행 가능한 대안을 선택하는 합리적인 행동이다. 광의의 의사결정은 문제인식에서 시작하여 특정한 대안을 채택 또는 수행하는 것까지를 포괄하는 복잡한 과정이지만, 협의의 의사결정은 선택과 같은 의미로 이는 광의의 의사결정의 한 단계로 국한되어 여러 대안의 선정과 평가 후에 하나를 선택하는 것이다.

소비자는 특정 브랜드를 선택함으로써 얻게 되는 부가가치에 합당한 비용을 지불할 의사를 가지고 있다. 관광자가 특정한 여행사나 호텔 브랜드를 선택하는 것은 이를 통해 얻게 될 '관계형성'이라는 부가가치에 대해 비용을 지불하는 것이다. 그러므로 호텔이나 여행사는 브랜드를 통하여 고객과의 장기적인 유대를 조성하고 지속적으로 판매할 수 있는 구조를 지향할 수 있다는 것이다.

브랜드는 기업과 소비자와의 관계성을 항상 현재진행형으로 연결하고, 더구나 자산화하여 축적해가는 장치이기 때문이다. 특히 관광상품과 같이 누구나 받아들일 수 있는 기준이 없고 개인의 선호가 중요한 경험이라는 것이 지배하는 상품인 경우에는 관광자의 마음을 움직일 수 있는 브랜드가 선택의 중요요인으로 작용할 수 있다. 따라서 호텔과 여행사의 브랜드 인지도는 관광의사 결정의 가능성을 가늠할 수 있는 훌륭한 잣대가 된다.

4-2-2 이미지

(1) 이미지의 개념

사전적 의미에서 이미지란 '상 · 영상 · 심상' 등으로 정의하고 있으며, 외적 자극과는 관계없이 과거의 경험으로부터 구체적 또는 감각적으로 마음 속에 재생을 돕는 상, 예컨대 눈을 감고 있어도 보이는 바다의 모습과도 같은 것이라 할 수 있다.

현재까지 연구된 이미지에 대한 정의는 〈표 4-3〉과 같다.

〈표 4-3〉 이미지의 정의

학 자	이미지의 정의
Aaker와 Myers (1982)	특정 사물에 의미를 부여해주는 평가기준
Kotler (1984)	한 개인이 어떤 사물이나 사람에 대하여 가지는 시각상 · 기억 · 인상 · 평가 및 태도 등의 총칭으로서 사물이나 인물에 대하여 특정한 감정을 가지게 하는 영상
Gartner (1983)	태도와 반대되는 개념으로서 어떤 압도적인 인상이나 고정개념을 함축하며, 대상지에 대한 직접적인 경험이 없이도 형성되는 것이다

※ 자료원 : 저자 정리

이러한 이미지의 개념을 정리해볼 때 이미지는 인간이 어떤 대상에 대하여 갖고 있는 신념이나 인상 등의 집합으로서, 자신이 지각하고 중요하게 고려하는 관점에서 평가할 수 있다.

즉, 이미지는 ① 무형성과 차별성이 강조되고, ② 관광 이미지인 경우 목적지와의 직접적인 접촉 없이도 형성되기 때문에 여행목적지를 결정하는 데 가장 중요한 역할을 하는 기초적인 요인이며, ③ 현실적인 이미지는 개인적인 기호·경험·정보 등의 영향을 받으면서 관광자의 행동을 지배하는 심리적·물질적·문화적·사회적·경제적인 요인에 의해서 형성되는 것으로 정리할 수 있다.

이러한 정의에 근거해서 마케팅 차원에서의 이미지를 정리하면 〈표 4-4〉와 같다.

〈표 4-4〉 마케팅 차원에서의 이미지 분류

구 분	내 용
제품 이미지 (product image)	특정제품에 대해 지니고 있는 이미지(제품설계, 제품, 아이디어, 포장, 가격)
상표 이미지 (brand image)	제품 계열에 속하는 모든 상표들이 가지고 있는 각각의 개성에 대한 소비자들의 생각이나 인상
기업 이미지 (corporate image)	소비자 대중과 관련기간들이 제품이나 상표보다 기업 자체에 대해 지니는 이미지

관광지 이미지의 일반적 성격은 다음과 같이 정리할 수 있다.

첫째, 관광에 대한 이미지는 실제까지 지속하기 쉽다.

둘째, '호감이 가는 이미지'는 정보수집과 그곳을 방문하려고 하는 활동을 촉진시킨다.

셋째, 형성된 이미지는 대상지 등에 관한 '기대'가 된다.

넷째, '기대'는 평가에 영향을 준다.

다섯째, 관광지에 대한 지식·경험의 정도에 따라 이미지의 영향은 달라진다.

관광 분야에서도 현재까지 관광지와 다양한 관광사업체에 대한 이미지 연구가 많이 수행되어왔다.

관광지 이미지에 대한 정의는 〈표 4-5〉와 같다.

■ 이미지란?

① 인간의 마음 속에 그려지는 사람이나 사물의 감각적 영상
② 여러 원천에서 나온 정보를 처리하여 형성되는 대상에 대한 총체적 지각. 소비자는 이러한 전체적인 자기평가를 통해 의사결정을 한다.
③ 상표 이미지(brand image), 점포 이미지(store image) 등이 있다.

■ 관광지 이미지란?

① 관광객에 의해 형성되는 장소·상품·경험에 관한 시각적·정신적 인상
② 관광지를 방문하기 전에 획득한 여러 가지 형태의 정보나 관광지에서 실제의 경험이나 이미지 변화 매개체를 통해 형성된 관광지에 대한 전체적인 인상

〈표 4-5〉 관광지 이미지의 정의

학 자	이미지의 정의
Lawson과 Boud-baby (1977)	관광지의 인적·물적인 모든 구성요소를 포함하는 총체적인 커뮤니케이션에 의해 영향을 받고 있으며, 이에 따라 관광지가 관광자에게 송신·전달하는 모든 정보를 종합하여 관광자가 관광지에 대하여 갖게 되는 총체적인 심상
Murphy(1985)	조사를 통하여 개인 또는 공통적으로 관광목적지에 대해 가지고 있는 개념이나 생각
Kotler, Haider, Rein(1993)	특정 관광지에 대한 각종 믿음·아이디어, 그리고 인상의 총체
Anderson과 Prentice(1997)	실제 관광경험을 하기 이전에 자발적인 의사 혹은 제안을 통하여 갖게 되는 장소 혹은 활동에 관한 기대의 총체
Moffitt(1998)	어느 한 조직이나 공중에 의해서 형성되는 것이 아니라 의도적이거나 비의도적인, 긍정적이거나 부정적인, 강하고 약한 등에 관련한 복합적인 의미들을 만들어내는 다양한 요인에 의해 형성된다.
엄서호(1997)	관광목적지 선택과 관계없이, 즉 잠재관광자가 가지는 잠재관광행동 욕구와 관광목적지의 물리적 속성이 결합된 결과

※ 자료원 : 저자 정리

(2) 이미지의 중요성

관광지 이미지는 관광지를 구성하고 있는 속성을 조합, 이용하여 관광자에게 제시함으로써 특정 관광자의 의사결정과정에 중요한 영향을 미치게 된다. 즉, 실제 방문자와 잠재 방문자들이 지각하고 있는 관광지 이미지는 관광목적지의 경쟁력을 결정하는 데 중요한 역할을 하며, 관광상품의 촉진전략과 관광지 개발에도 지대한 영향을 미치게 되어 관광지의 성패를 좌우하는 중요한 요인이 될 수 있다. 관광목적지에 대한 선호도와 직결될 수도 있는 것이다.

관광목적지를 선택하는 관광자들은 목적지에 대한 객관적 실재가 아니라 목적지의 이미지, 믿음, 지각에 근거하기 때문에 관광목적지에 대해 개인들이 갖고 있는 이미지는 관광목적지의 마케팅 성공에 있어서도 중요한 역할을 한다.

(조선일보/사회)

부산 '가짜명품 천국' 관광지 이미지 추락 (2003.02.18)

외국인 쇼핑거리인 국제시장을 비롯해 부산지역대형 쇼핑몰과 귀금속점을 중심으로 '가짜 명품'이 나무, 관광지 부산이 '가짜 명품천국'이 되고 있다.

최근 젊은이들과 국내외 관광객들 사이엔 '부산시내 어디를 가든지 가짜 명품을만날 수 있다'는 소문이 공개된 비밀로 알려져 있다.

18일 부산지방경찰청 외사수사대는 '가짜 명품 천국'의 현주소를 증명하는 충격적인 단속결과를 내놓았다.

관광지 부산을 대표하는 외국인 쇼핑거리 국제시장을 비롯해 M상가, R상가, G상가 등 초대형 쇼핑몰, G시티 등 대형 귀금속 상가들이 무더기 단속명단에 오른 것이다.

또 대표적 도심 상가인 서면지하상가와 젊은이들의 쇼핑무대인 대학로 상가 등부산시내 유명 쇼핑거리 판매점들이 모두 가짜 명품을 팔다 적발된 것이다.

경찰 관계자는 "단속인력부족으로 의심가는 지역만 단속했는데도 88개소나 적발됐다"며 "부산지역 대부분의 상가에서 가짜 명품이 판매되고 있다고 봐도 무방할 정도"라고 밝혔다.

이 관계자는 "부산지역의 가짜 명품 유통은 당초 국내외 관광객들이 자주 찾는국제시장 등 재래시장을 중심으로 이뤄졌지만, 이번 단속결과에서 보듯 최근 젊은이들 사이에 외제명품 선호현상이 확산되면서 도심 대형 쇼핑몰, 지하상가, 각 대학로상가 등으로 급속 확산되고 있는 추세인 것 같다"고 밝혔다.

가짜 명품 상호가 도용된 물품 종류도 목걸이, 팔찌, 귀걸이, 반지 등 귀금속에서부터 가방, 벨트, 의류, 구두, 액세서리, 신발, 시계 등 각양각색이다.

관광목적지의 중요성을 마케팅적 관점에서 보면 다음과 같다.

첫째, 관광지 이미지 조사는 대상 관광지가 관광자들에게 어떻게 인식되는가를 알려줌으로써 관광자에게 정보를 제공해주고, 관광활동을 도울 수 있다.

둘째, 관광지 이미지 측정은 대상 관광지의 미래 전략계획에 중요한 투입요인을 나타내 주며, 그 전략을 평가하는 기초적인 기준이 되어주기도 한다. 즉, 특정 관광지에 대한 관광자의 이미지를 통하여 장차 발생할 관광행태를 예측할 수 있기 때문에 관광지의 효율적인 개발과 관광수요의 예측을 가능하게 할 것이다.

셋째, 관광지 이미지의 측정을 관광 마케터로 하여금 경쟁 관광지와의 비교를 통하여 대상 관광지의 강점 및 약점을 파악할 수 있도록 하여 경쟁력을 높일 수 있는 포지셔닝 전략에 활용할 수 있고, 상대적 비교우위 확보를 위한 차별화전략의 방향성을 제시해줄 수 있기 때문에 관광상품의 유사성 및 획일성을 극복하는 데 유용하다.

넷째, 관광지 이미지 측정을 통해 이전에는 인식하지 못했던 관광상품 및 관광자원에 대한 새로운 이미지를 발견할 수 있기 때문에 세분시장에 대한 구체적인 마케팅 관리의 지침과 방법을 제공해준다.

다섯째, 관광지 이미지 평가는 기존의 관광자원이 관광상품으로서 경쟁력이 있음에도 불구하고 잠재관광자에게 올바르게 소개되고, 인식되지 않는 경우에 관광지가 가지고 있는 관광매력을 관광자로 하여금 효과적으로 인식하게 하여 보다 많은 관광자를 유치할 수 있는 '유인력'의 요인으로 사용할 수 있다.

(3) 이미지의 속성

관광목적지에 대하여 관광객이 갖는 이미지는 심리적인 영상으로서 여행에 관련된 의사결정에 커다란 영향을 미친다. 관광지에 관한 이미지는 관광객이 대상물을 실제 경험할 때까지 지속적으로 작용하며, '호감이 가는 이미지'는 그곳을 방문하려고 하는 결정과 그곳에 대한 정보수집 활동을 촉진시킨다. 그리고 이미 형성된 이미지는 대상지에 대한 '기대'의 역할을 하며 이러한 기대는 대상지에 대한 평가에 영향을 준다.

또한 관광목적지의 이미지는 관광지에 대한 지식이나 경험의 정도에 의해 영향을 받으며, 특정한 대상지에 가는 것 자체를 가장 중요한 관광동기로 여기는 관광객일수록 관광지를 선택할 때 관광지 이미지의 영향을 가장 많이 받는다.

이러한 관광지 이미지의 속성을 종합해볼 때 이미지는 관광객 개인마다 차이가 있으며, 내·외적 영향요인에 따라 변화하기도 하고 관광객의 행동에도 중요한 영향을 미친다고 할 수 있다.

〈표 4-6〉 관광지 이미지 속성

연구자	관광지 이미지 속성
Anderson (1975)	•지중해지역 9개의 대안 목적지에 대한 이미지 조사 •야간 유흥활동, 경관감상, 식음료시설, 비용, 토착문화, 해변의 아름다움, 기후 등 7가지 차원
Glenn(1976)	•방문의 용이함, 편안한 접근성의 여부, 현지의 거래가격, 관광활동 공간의 매력성 등 4가지 속성
Goodrich (1977)	•휴가여행이 주는 10가지 혜택 제시 •경치의 아름다움, 주민들의 유쾌한 태도, 적절한 숙박, 휴식 및 긴장해소, 문화에 대한 흥미 등
Fakeye와 Crompton (1991)	•리오그란데 계곡 방문자 이미지 연구 •사회적 접촉기회와 매력물, 자연적 형태와 문화적 설비, 숙박과 교통시설, 하부구조, 음식 및 친절한 사람, 육체적으로 쾌적한 오락, 바(bar)와 같은 야간유흥 등
박석희(2001)	•지명도, 상기도, 신뢰성, 친절성, 요금의 적절성, 지위선 등

※ 자료원 : 저자 정리

여러 관광지에 대한 개인의 이미지 형성 및 선호속성들은 각각의 장소가 갖는 공간환경의 특성을 반영하는 매력속성들이 될 수 있으며, 의사결정자로 하여금 특정 목적지를 선택하게 하는 유인요인이 된다. 이러한 유인요인(속성)들은 위락관광지가 가지는 공간적 환경의 특성에 따라 다양하게 나타날 수 있다.

(4) 이미지 측정방법

관광지 이미지 측정을 위해 지금까지 사회과학과 마케팅 분야에서 이용된 측정방법은 분류기준에 따라서 크게 '비구조화된 방법'과 '구조화된 방법', 또는 '총체적 측정방법'과 '속성별 측정방법' 등으로 나눌 수 있는데, 이들 방법의 장점과 단점은 〈표 4-7〉과 같다.

〈표 4-7〉 관광지 이미지 측정방법의 비교

측정방법	장 점	단 점
비구조화된 방법	특정 관광지에 대한 관광객들의 자유의사가 연구자의 주관적 편견을 제거할 수 있고, 중요한 속성에 대한 식별이 가능함	계량화된 자료를 통합 정교한 분석이 불가능
구조화된 방법	사용하기가 간편하고 계량화된 자료의 제시가 가능함	연구자의 주관적 판단에 의존한 관광지 속성을 이용할 우려가 크다
총체적 측정방법	사용이 간편하고 예비조사의 수단으로 적정함	속성별 영향의 정도와 속성간의 상관성을 구분할 수 없다
속성별 측정방법	속성별 측정을 통해 많은 양의 정보를 제공할 수 있다. 이미지 전략수립의 도구로서 적당함	개별 속성의 이미지가 전체 이미지에 영향을 줄 우려가 있다

1) 총체적 측정방법

총체적 측정방법은 이미지를 구성하는 개개의 속성별로 이미지를 측정하는 것이 아니라 모든 속성들이 종합적으로 작용하여 나타나는 전체적인 이미지의 좋음과 나쁨을 측정하는 방법이다. 선호도를 리커트(Likert) 척도에 의해 측정한 후 이를 종합하여 2차원 공간상에 표시하는 방법과 이미지에 대한 선호도를 관광자에게 직접 질문하여 측정하는 방법으로 세분된다.

이 방법은 사용이 간편하다는 장점이 있지만, 대상 관광지가 어떤 면에서 좋고 나쁜지를 파악하는 것이 어려울 뿐만 아니라 이미지 형성에 강하게 작용하거나 혹은 약하게 작용하는 속성들을 구별하는 데에는 한계가 있기 때문에 관광지 이미지 전략수립의 도구로서보다는 관광지 이미지에 대한 예비조사의 수단으로 활용하는 것이 바람직하다.

2) 속성별 측정방법

① 의미차별화법

의미차별화법(semantic differential method)은 본래 미국 일리노이 대학에서 1957년부터 10여 년에 걸쳐 Osgood과 Suci, Tannenbaum 등에 의해 단어의 구조를 조사할 목적으로 개발되었으나 현재에 와서는 태도를 측정하는 방법으로서 널리 적용되고 있다.

의미차별화법의 일반적인 형태는 [그림 4-7]에서와 같이 척도의 양 극점에 서로 상반되는 형용사를 붙인 5점 내지는 7점 척도로서 조사하는 방식이다.

이 방법의 장점은 우선 측정이 간편하고, 도표로 나타내기 쉽고, 자료가 계량형으로 표현되어 연구자가 그 내용을 이해하기 쉽다는 점이다. 또한 어떤 행동을 취하는 데 타당한 근거를 마련해줄 수 있으며, 이미지 추이(trend)를 알기 쉽다.

반면에 조사 대상자가 지나치게 편향적인 점수를 주기를 꺼려하여 중간값을 택할 우려가 많다는 점과, '후광효과(halo effect)'로 인해 전체적 이미지가 좋으면 모든 이미지 속성에 대해서도 좋은 점수를 줄 수 있다는 단점이 있다.

따라서 이 방법의 적용시에는 조사 대상자가 관광지를 평가할 때 실제로 영향을 주는 속성만을 이극형용사에 포함시키도록 주의해야 한다.

중요하다	-	-	-	-	-	중요하지 않다
관련이 크다	-	-	-	-	-	무관하다
의미가 크다	-	-	-	-	-	의미가 작다
유용하다	-	-	-	-	-	유용하지 않다
가치가 크다	-	-	-	-	-	가치가 작다
중대한 것이다	-	-	-	-	-	하찮은 것이다
유익하다	-	-	-	-	-	유익하지 않다
관심이 많다	-	-	-	-	-	관심이 없다
매력적인 것이다	-	-	-	-	-	매력적인 것은 아니다
원한다	-	-	-	-	-	원하지 않는다
바람직하다						바람직하지 않다
필요하다						필요하지 않다

[그림 4-7] 의미차별화법 척도의 예

※ 자료원 : 이학식(1990), 〈소비자 정보처리에 대한 관여도와 광고유형의 조정적 역할〉, ≪경영학연구≫, 한국경영학회 제19권 제2호, p.100.

② 다속성 태도모형

다속성 태도모형(multi-attribute model)은 하나 이상의 독립변수에 따라 특정 관광지 또는 쇼핑지역의 애고 유형 등의 사상(event)을 설명하기 위한 것으로 지각된 특성의 본질뿐만 아니라 지각된 특성의 중요성에 근거하여 관광지 이미지를 측정하는 것이다. 즉, 관광지가 지니고 있는 속성별 평가와 각 속성의 중요성을 반영한 측정방법으로 관광지 이미지가 평가되는 기준 또는 속성이 하나 이상의 다수이며, 관광자는 다수의 속성을 고려하여 태도를 형성하게 된다는 것이다.

이 방법의 장점은 관광자 태도의 구조를 알게 하여 관광지 이미지 전략수립에 변화를 모색할 수 있게 하고, 계산된 태도치가 전체적 태도와 상관관계가 높으므로 관광자의 구매의도를 알게 한다.

또한 다속성 태도모형은 다른 방법에 비하여 상대적으로 많은 양의 정보를 경영자에게 제공해주고, 테스트 마케팅과 소비자 교육에 유용하게 이용할 수 있다는 점이다.

하지만 모형이 너무 개념적이어서 특정에 이용되는 여러 변수들을 실제 측정하기가 쉽지 않다는 단점도 있다.

③ 다차원 척도법

다차원 척도법(multidimensional scale method)은 1차원 척도로는 대상을 측정할 수 없는 경우에 활용되는 측정도구로서 대상간의 유사성 또는 선호도를 평가하여 평가대상에 내재된 기준을 발견하고, 각 기준에 따라 평가대상들이 갖는 속성값을 찾는 데 그 목적이 있다.

그리고 마케팅에서 포지셔닝 맵을 작성하기 위한 방법으로서 주로 이용되고 있는데, 이는 여러 개의 경쟁제품군을 동일공간에 위치시켜 줌으로써 경쟁상의 강점과 약점을 파악하는 데 매우 유용한 정보를 제공해주는 전략적 도구로 활용될 수 있기 때문이다.

■ 포지셔닝(positioning) : 특정 조직체의 제품이나 서비스를 고객이 우수한 것으로 인식하게끔 만들고 동시에 표적고객의 마음 속에 경쟁사의 그것과 구별하게끔 해주는 경쟁적 우위를 찾아내어 개발하고 이를 커뮤니케이션하는 것이다.

Case 4 다차원 척도법을 이용한 사찰 포지셔닝

■ 자연환경요인의 포지셔닝 분석

[그림 4-8]은 자연환경요인과 각 사찰별 지각도이다. 이를 세부적으로 분석하면 다음과 같다.

자연환경요인의 이미지 면에서 '매우 좋다'고 지각된 사찰은 불국사인 것으로 나타났다. '좋다'고 지각된 사찰은 해인사, 운문사, 직지사, 은해사, 희방사, 표충사, 동화사 등이었다. '그저 그렇다'의 중간적인 이미지를 가진 사찰은 범어사, 부석사이었고, '좋지 않다'는 부정적인 이미지를 가진 사찰은 보경사였다.

이를 통해 관광객에게 일상생활을 벗어나서 즐길 수 있는 볼거리를 제공해주는 자연환경적 측면에서는 대부분의 사찰이 우수한 것으로 나타났다. 특히 그러나 보경사는 자연환경적인 측면에서도 문제가 있는 것으로 나타났다.

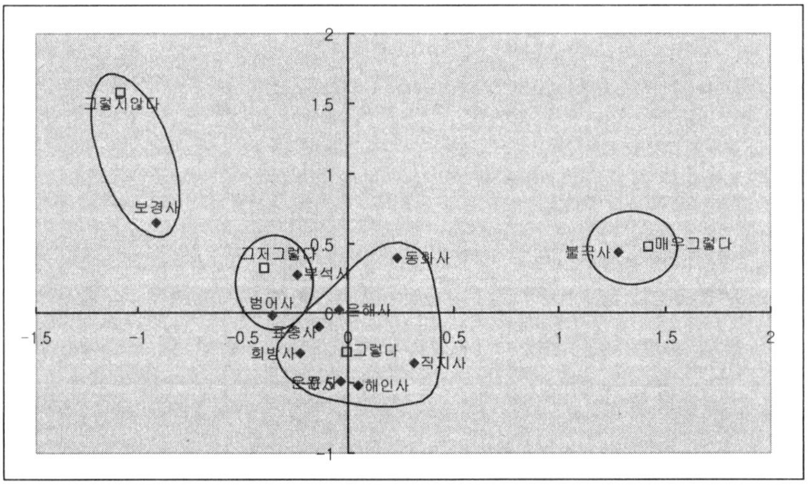

[그림 4-8] 자연환경요인과 사찰별 포지셔닝

※ 자료원 : 박진영 · 김영규 · 권정택(2001), 〈관광지 속성을 이용한 사찰관광지의 포지셔닝에 관한 연구〉, ≪구미1대학 논문집≫.

4-2-3 지각된 위험

(1) 지각된 위험의 개념 및 유사개념

일반적으로 소비자들은 자신들이 직면하고 있는 상황이 위험을 내포하고 있는 것인지 확실히 알 수 없을 뿐만 아니라 또한 알려고 하는 것이 보편적이기 때문에 지각된 위험(perceived risk)이 존재하는지의 여부를 따질 필요가 있다고 Cox(1967)는 지적하고 있다.

이러한 지각된 위험은 대개의 경우 구매목적이나 상황과 관련되는데 Cox에 의하면, 다음과 같은 불확실성 상황하에서 일어난다는 것이다.

첫째, 소비자 자신의 구매목적이 불확실할 때이다. 이때 구매목적은 그 본질, 열망 수준, 상대적 중요성, 현재의 목적 달성도에 의해 결정된다는 것이다.

둘째, 소비자의 선택이 구매목적의 허용 수준에서 만족스러운지 여부를 알지 못할 때이다.

셋째, 구매결과가 자신의 구매목적을 만족시키지 못한 경우이다.

여행상품을 구매하려는 여행소비자는 자신이 원하는 특정한 여행상품을 구매하려고 하지만 그러한 여행상품이 자신에게 어떠한 손실을 가져오지는 않을까 하는 생각에서 구매를 주저하게 되는 딜레마(dilemma)에 직면하게 된다.

즉, 여행소비자는 여행상품을 구매하기 위해 다양한 정보원천의 탐색과 선택 가능한 여행상품을 평가하면서 상품선택에 따른 결과의 불확실성과 불안으로 위험을 지각하며, 여행참가 전까지도 이러한 위험을 지속적으로 지각한다는 것이다.

이러한 견해는 호텔 서비스에도 역시 적용될 수가 있다. 이를 근거로 볼 때 호텔 서비스의 경우도 구매의사 결정 후 이용 전 단계에서는 선택의 결과로 나타나는 구체적인 유형적 단서(tangible cues)가 없기 때문에 구매의사 결정이 만족스러운지 알 수가 없다는 측면에서 지각된 위험이 많이 발생하는 구매상황이라 할 수 있다.

왜냐하면 호텔 서비스는 호텔고객과 호텔간의 서비스 인카운터(encounter)에서의 유·무형의 인적·물적·시스템적 활동과 경험의 총체로 제조기업의 서비스와는 달리 무형성·활동 혹은 수행과정으로서 고객의 참여와 함께 이루어지며, 상호작용관계이기 때문이다.

특히 호텔 서비스에 대한 고객의 지각된 위험이 구매목적이나 구매결과와 상관없이 제조기업의 제품이나 서비스에 비해 상대적으로 큰 이유는 첫째, 무형성·비분리성·이질성·소멸성 등의 특성으로 인해 고객의 관점에서 보면 호텔이용 이전에는 서비스에 관한 구체적이고 가시적인 물증이나 정보의 양과 질이 부족하기 때문이다.

둘째, 호텔고객이 호텔 이용중에 서비스 인카운터에서의 이용경험에 의해 그 질과 가치가 형성되는 경험재의 성격을 가지고 있기 때문이다.

셋째, 구매의사 결정과 이용간의 시간적인 갭이 크다는 점이다. 결국 호텔 서비스는 고객이 호텔을 이용하기 전에는 고객이 획득할 수 있는 서비스에 대한 정보의 질과 양이 적기 때문에 호텔이용 전에 느끼게 되는 서비스 상품에 대한 불안감으로써 지각된 위험의 정도가 크다고 할 수 있다.

또한 호텔 서비스는 고객이 호텔 이용중에 서비스 인카운터에서의 사용경험에 의해 그 질과 가치가 형성되는 경험재의 성격을 가지고 있기 때문에 타제품보다 더욱더 지각된 위험이 크다 할 수 있다.

대개의 경우 지각된 위험(perceived risk)에 대한 정의는 크게 두 가지 측면에서 논의되고 있다. 그 첫째는 '예상되는 손실' 개념이며, 둘째는 '부정적 결과' 개념이다.

'예상되는 손실' 개념의 대표적 학자로는 Murray와 Schlacter가 있다. 이들은 여러 학자들(Bauer 1960; Cox 1967; Jacoby and Kaplan 1972; Roselius 1971 등)의 견해들을 종합하여 지각된 위험을 "다차원 개념으로 특정 제품의 구매와 이용에서 발생하는 예상되는 손실(expected loss)의 유형과 정도로서 소비자의 구매이전의 불확실성 경험"으로 정의하고 있다.

'부정적 결과' 개념의 대표적 학자로는 Bauer와 Cox, Seol 등이 있다. 특히 Bauer는 지각된 위험에 대해 "두 개의 차원, 즉 불확실성(uncertainty)과 부정적 결과(negative consequences)"로 정의하고 있다. 또한 Seol은 지각된 위험을 '개인의 불확실성과 부정적 결과의 주관적 평가'로 정의하고 있다.

이러한 지각된 위험은 앞서 언급한 바와 같이 Cox에 의하면, 구매목적의 불확실성과 구매 결과에 따라 발생한다는 것이다.

호텔 서비스에 대한 지각된 위험에 대한 정의는 앞에서 살펴본 바와 같이 학자들에 따라 개념적 정의가 다름을 알 수 있다. 그러나 본 연구에서는 '예상되는 손실' 개념에 기초하여 지각된 위험 관련개념들을 살펴보고 이를 중심으로 개념적 구분을 하고자 한다.

덧붙여 지각된 위험과 관련된 유사개념으로는 손실(loss), 위험사상(perils), 그리고 해이(hazards)가 있다.

먼저 Greene과 Serbein에 의하면 손실은 '경제적 손실(economical loss)'을 의미한다. 한편 위험사상은 '손실이 발생될 수 있는 사상(event)'으로 화재 · 폭풍 · 혹은 폭발 등이 이에 해당된다. 그리고 해이는 '손실의 빈도와 규모에 영향을 미치는 조건(condition)'을 의미한다.

이를 구체적으로 도식화해보면 [그림 4-9]과 같다.

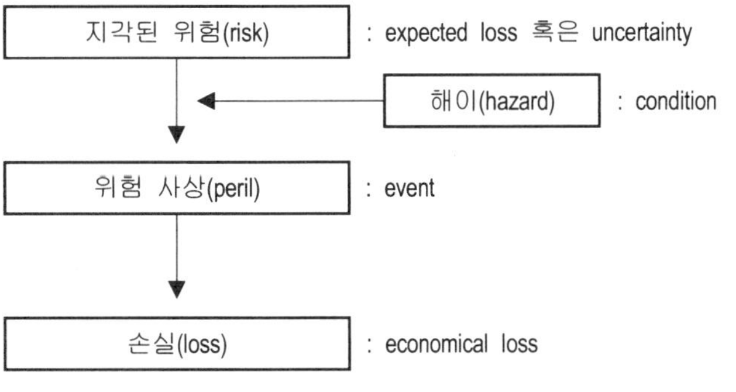

[그림 4-9] 지각된 위험 관련개념의 위계

※ 자료원: Mark R. Greene and Oscar N. Serbein, *Risk Management*, 2nd(ed.)(Western Virginia: Prentice-Hall, 1983), p. 25, pp. 24-25의 개념을 정리함.

[그림 4-9]에서 알 수 있듯이 Greene과 Serbein은 지각된 위험을 "기대되는 손실 내지 불확실성"으로 보고 있다. 그리고 지각된 위험의 결과로서 손실은 경제적인 측면에 초점을 두고 있다.

그러나 호텔 서비스의 경우 호텔고객이 지각하는 위험에는 고객이 치러야 되는 희생으로서 경제적 손실 이외에도 시간적 손실, 에너지 손실, 심리적 손실 등이 있음도 간과해서는 안 된다.

(2) 위험지각 유형

많은 소비자행동 연구에서 위험지각의 유형을 다양한 관점에서 분류하였으나, 위험지각은 Zikmund와 Scott(1973)의 연구에서 제시한 금전적 위험, 기능적 위험, 신체적 위험, 심리적 위험, 사회적 위험, 시간손실 위험, 미래기회 상실 위험 등 7가지 유형의 범주에 대부분 포함된다고 할 수 있다.

① 금전적 위험

금전적 위험(financial risk)이란 제품구매가 소비자의 가처분소득에 비해 클 때 갖는 위험이다. 동일한 여행상품을 구매하더라도 가처분 소득이 낮은 사람은 높은 사람에 비하여 보다 큰 금전적 위험을 느낀다.

② 기능적 위험

기능적 위험(performance risk)이란 그 제품이 기대대로 기능을 발휘하지 못할 것에 대한 염려를 말한다.

③ 신체적 위험

신체적 위험(physical risk)이란 그 제품의 사용 결과 소비자가 해를 입을 가능성에 대한 불안감이다. 예를 들어, 여행지에 전염병이 유행할 경우 여행도중 전염병에 걸릴 것을 염려하는 것을 말한다.

④ 심리적 위험

심리적 위험(psychological risk)그 제품이 자신의 자아이미지(self-image)에 부정적인 영향을 미칠 수 있는 위험을 말한다.

⑤ 사회적 위험

사회적 위험(social risk)제품구매가 다른 사람들, 특히 중요한 준거집단으로부터 부정적으로 평가받을 위험이다.

⑥ 시간손실 위험

시간손실 위험(time-loss risk)제품구매가 잘못될 경우 다시 구매할 때 필요한 시간에 대한 염려이다. 바쁜 사람일수록 시간손실 위험을 크게 지각한다.

⑦ 미래기회 상실 위험

보다 향상되고 건강한 상품이 장래에 출시하게 될 가능성에 관해 소비자가 인지하는 위험이다.

여행 분야의 연구에서 연구된 위험지각의 유형은 초기에 Mayo와 Jarvis(1981)에 의해 기능적 위험과 사회심리적 위험으로 구분되었으며, Moutinho(1987)는 여행자 위험을 기능적 위험, 신체적 위험, 금전적 위험, 사회적 위험, 심리적 위험의 5가지 범주로 구분하였다.

이상의 연구에서 선행연구자들이 분류한 위험지각 유형은 기존 소비자 행동 연구에서 다루었던 위험지각 유형을 따르거나, 혹은 위험지각 유형의 구분 없이 여행경험에서 발생할 수 있는 조건과 상황에 따라 위험지각을 구분하였다는 점이 큰 특징이다.

〈표 4-8〉 여행행동 관련연구에서의 위험지각 유형

연구자	대 상	위험지각 유형
Mayo와 Jarvis (1981)	여행	기능적 위험, 사회심리적 위험
Roehl과 Fresenmier (1992)	휴가여행	심리적 위험, 금전적 위험, 만족 위험, 시간손실 위험
Tsaur, Tzeng과 Wang(1997)	여행일정	신체적 위험, 장비적 위험
Sönmez와 Graefe (1998)	여행	설비·기능상 위험, 금전적 위험, 건강위험, 정치적 안정의 위험, 심리적 위험, 만족위험, 사회적 위험, 테러 위험, 시간 위험
박진영·박정준 (1997)	호텔이용	금전적 위험, 기능적 위험, 신체적 위험, 심리적 위험, 사회적 위험, 시간손실 위험, 미래기회 상실 위험
박명례(1998)	여행패키지	금전적 위험, 사회심리적 위험, 기능적 위험, 시간손실 위험
Mitchell et al.(1999)	휴가패키지	금전적 위험, 숙박시설과 관련된 위험, 기능적 위험

※ 자료원 : 저자 정리

(3) 위험지각의 결정요인

소비자들은 구매의사 결정과정에서 일반적으로 다양한 위험요소를 경험하고 지각하게 되는데 위험지각의 결정요인들을 정리하면 〈표 4-9〉와 같다.

이러한 위험지각의 결정요인은 일반적으로 구매경험의 부족, 불만족스러운 과거 구매경험, 구매대상의 품질차이, 고가격 또는 지불능력의 한계, 신제품, 상품구매의 자신감, 구매의 중요성, 준거집단에 대한 인식, 정보부족 등을 들 수 있다.

또한 여행행동과 관련된 위험지각의 결정요인은 일반적으로 불확실한 구매목표, 불확실한 구매보상, 구매경험의 부족, 긍정적 또는 부정적 결과 동시 발생, 동료집단의 영향, 재정적 고려 등을 들 수 있다. 또한 이들 결정요인의 주요 특성변수로는 자신감, 혁신성, 구매경험의 질, 여행상품 가격, 상표충성도 등을 들 수 있다.

(4) 여행속성과 위험지각

일반적으로 패키지 여행상품은 교통·숙박·식사·여행지 등 소비자 불확실성하에서 서비스 구성의 복합적인 조합으로 이미 완성된 다양하고 이질적인 요소를 여행사가 하나의 상품으로 조합하여 생산해낸 서비스 제품이다.

이러한 패키지 상품은 일반적으로 다양한 구성요소를 갖게 되고, 이러한 다양한 구성요소의 결합은 구매결과의 불확실성이나 손실의 기대값을 증가시키게 되는데, 이는 잠재 여행자가 동일한 여행상품을 구매한다 하더라도 재경험을 확신할 수 없기 때문이며, 이는 여행상품 판매자의 노력에도 불구하고, 반복구매와 여행만족은 여행상품 판매자의 통제 외적 요인들에 의해서 결정된다는 것을 의미한다.

즉 해외여행에 있어서 휴가 낭만, 새로운 친구와의 만남, 훌륭한 기상조건과 같은 긍정적인 부분과 질병, 리조트에서의 쾌적하지 못한 서비스와 식사, 여행자에 대한 지역민의 부정적인 태도, 사기나 강탈, 소매치기 등과 같은 부정적 부분이 여행사의 즐거움에 커나란 영향을 준다는 섬에서, 이러한 통제 불가능한 여행경험은 여행자 만족이나 재구매의 중요한 결정요인이라 할 수 있다.

〈표 4-9〉 위험지각의 결정요인

결정요인 \ 학자	Granbois (1968)	Bettman (1973)	Garner (1983)	Mayo와 Jarvis (1981)	Roehl과 Fesenmaier (1992)	Assael (1998)
구매경험 부족	●	●	●	●	●	●
불만족스러운 과거 구매경험	●		●		●	
구매대상의 품질차이		●		●	●	
고가격 또는 지불능력의 한계		●	●	●	●	●
자신감 또는 신중함	●	●	●			●
구매의 중요성		●		●	●	
신제품 또는 제품의 기술적 문제	●	●			●	●
제품지식 또는 정보 부족		●	●			●
준거집단에 대한 의식	●			●	●	

※ 자료원 : 저자 정리

일반적으로 패키지 여행상품은 비가시성·비분리성, 그리고 소멸성 등 일반 유형제품과는 다른 특성을 갖고 있다. 우선 여행상품의 비가시성과 비분리성은 여행자에게 이용 가능한 정보탐색을 제한하는 결과를 가져오고, 전문적인 정보 역시 일회적이고 매우 주관적이며, 찾기도 어렵고, 대개 이해가 쉽지 않아 오히려 위험지각을 증가시킨다고 할 수 있다.

해외여행의 경우 대부분의 사람들은 여행경험의 축적이 쉽지 않고, 축적된 경험을 여행참가에 활용하기도 어려우며, 여행은 어떤 경우에 구매 목적이기도 한 새로운 경험과 목적지와 밀접하게 관련되기 때문에 경험은 주요한 위험 감소자이며, 위험증가를 제한할 수도 있다.

또한 비가시성의 결과는 개인적 축적과 주관적 판단만이 제한된 정보원일 수밖에 없기 때문에 불만족스러운 여행에 대한 불평으로 나타날 수 있다는 것이다.

한편 소멸성은 불만족스러운 여행의 기회비용을 증가시키는데, 이는 시간손실이나 감정적 실망에 대한 어떠한 보상도 받을 수 없기 때문이다. 이는 위험지각을 증가시킬 수 있는 가치 감소로서의 결정적 역할을 할 수 있음을 의미한다.

여행상품은 서로 다른 독특한 속성을 가지고 있는데, 이들 속성은 국가, 여행방식, 휴가일정, 숙박형태, 음식, 소풍・학습・활동 등으로 이들은 각각 다양한 선택, 가격범위, 회사 등과 관련되며, 이것들은 소비자의 안전, 음식, 숙소, 커뮤니케이션 등의 소비자 욕구에 위협이 될 수 있다는 것이다.

(5) 여행상품 소비행동 과정과 위험지각

여행상품 소비행동 과정을 구매선택 전, 여행참가 전, 여행참가 중으로 엄밀히 구분하고, 이러한 여행상품 소비행동의 단계적 구분에 따라 여행자의 위험지각 수준은 다음과 같다.

1) 구매선택 전 단계

여행자들은 여행동기와 욕구에 따라 여행상품을 구매하려 하는데 일반적으로 자신의 대안을 평가하기에 충분한 정보를 갖고 있지 못하면 불확실성을 감소하기 위해 내외부적 탐색을 거치게 되는데, 구매의사 결정시 위험지각이 존재할 경우 이를 감소 수준으로 낮추기 위해 다양한 선택대안에 대한 정보탐색이 강화된다고 하였다.

또한 현재의 정보・신념・태도가 부적절하다고 생각될 때도 역시 정보탐색 행동을 시작하게 된다.

특히 해외여행을 구매하려는 여행자는 여행자가 외국인이라는 점과 상당한 시간과 비용이 소요된다는 점에서 비교적 다양한 정보원에 대한 탐색을 통해 신중한 의사결정을 하게 되거나, 선택에 대한 자신감이 부족한 경우에는 추가적인 정보를 참기도 하지만, 여행자는 많은 정보원과 정보량을 경험하면서 정보의 객관적 신뢰 결여, 정보의 질적 문제 등으로 인해 구매선택의 혼란을 경험할 수 있다.

그러므로 여행자는 일반적으로 탐색된 정보와 여행자의 의식 속에 저장되어 있는 기억을 토대로 하여 자신의 확신, 즉 신념과 태도를 통해서 평가기준으로 삼고, 선택대안에 대한 평가는 그 선택대안에 관련된 위험지각에 의해 결정되며, 이때 소비자는 위험지각을 구성하는 불확실성과 손실을 최소화한다는 가정을 전제로 여행자는 상품대안을 평가한다는 것이다.

위험지각이 구매상품과 관련된 신념으로 본다면, 대인평가 과정이 평가기준에 근거한 신념에 의해 형성된 태도로부터 구매의도가 형성되는 과정이라는 점에서, 선택대안에 관련된 위험지각은 태도 및 구매의도에 의해 반영된다고 볼 수 있는데, 이러한 과정은 여행상품 소비행동에 있어서도 그대로 적용될 수 있다는 것이다.

따라서 해외여행상품 구매행동에 있어서 여행자의 욕구와 여행상품 속성이 결합되어 상품에 대한 태도가 형성되고, 이러한 태도는 일정한 평가기준에 의해 형성되는데 이는 여행국가, 상품의 가격, 가격과 품질과의 관련성, 상품의 명성 및 여행사 지명도 등을 들 수 있다.

다음으로 여행자는 실제 여행을 위한 여행상품을 구매하게 되었을 때, 주어진 조건하에서 최상의 조건을 갖는 여행상품을 구매하게 된다. 실제 구매선택이 이루어지는 단계에 있어서는 합리적인 평가에 의해 구매의도가 형성된다고 하더라도 실제 구매상황에서는 예기치 못한 상황 및 예측 불가능한 상황으로 인해 구매를 수정, 혹은 포기할 수도 있다.

그러나 여행자에게 있어서 해외여행은 상당한 시간적·비용적 계획을 통해 이루어지고 시간적 손실을 바라지 않기 때문에 여행자는 여행상품 구매의 연기 또는 포기보다는 위험이 발생할 경우 그러한 위험을 낮추는 추가적인 정보탐색이나 위험을 감안한 선택을 행하게 된다는 것이다. 이와 같이 위험지각은 여행상품 구매선택 단계까지 중요한 역할을 한다고 볼 수 있다.

2) 구매선택 후부터 여행참가 전 단계

해외여행상품 구매에 있어 여행자들은 일반적으로 질적 탐색 수준이 낮고, 실험적이고 주변의 추천이 높아 추가적인 정보탐색이 매우 어려울 수 있기 때문에 여행자는 여행상품 소비행동 과정에서 지속적으로 위험을 지각하게 된다.

일반적으로 소비자는 자신의 구매선택이 끝나면 선택에 대한 확신을 갖게 되며, 선택을 합리화시키는 경향이 있는데, 여행자는 자신의 선택행동에 대한 확신 내지는 합리화를 통해 위험지각 수준을 의도적으로 무시하거나 수용 가능한 것으로 받아들일 수 있다.

그러나 해외여행상품에 대한 최종 구매선택의 시점에서는 여행자의 구매선택이 최선의 선택으로 확신될 수 있지만, 구매선택 후부터 여행참가 전까지 직접적 또는 간접적으로 얻게 되는 관련정보나 여행자 스스로의 심리 변화에 따라 여행자의 위험지각 수준은 구매선택 전과는 다르게 나타날 수 있다는 것이다.

즉 구매선택 후부터 여행참가 전까지의 위험지각은 상품비용을 일부, 또는 전액 지불한 후 여행을 떠나기 전까지 여행자에게 나타나는 심리적인 불안과 걱정이라고 할 수 있다. 특히 이 기간 동안의 위험지각은 현지 여행에서 예상되거나 발생할 수 있는 위험으로 비교적 구체적이면서 실제적으로 느끼는 위험이라고 할 수 있다.

한편 여행자는 구매선택 과정에서의 위험지각으로 인해 구매선택 후부터 여행참가 전까지 추가적인 정보탐색이나 수동적으로 정보를 획득하여 위험지각 수준의 변화를 갖게 된다고 할 수 있다. 즉, 여행참가 전까지의 기간 동안 여행자는 구매선택 전 정보원으로부터의 여행정보량을 얻게 될 수 있는데, 이때 얻은 여행정보는 여행자에게 구매선택 전보다 훨씬 민감하게 수용되거나 체감될 수 있다는 것이다.

3) 여행참가 및 평가단계

여행자는 여행상품 구매선택 전 위험지각이나 여행참가 전 위험지각 수준에 따라 여행참가 중에 위험을 실제로 체험하게 되는데, 이때 여행참가 전 위험지각은 구매선택 전 위험지각보다 여행 참가중의 위험지각 수준에 영향을 미친다고 할 수 있다. 즉, 여행참가 전 위험참가 수준이 여행 참가중의 위험지각 수준을 결정한다고 할 수 있다.

또한 여행참가 전까지의 위험지각 수준은 여행만족도에 직접적인 영향을 주고, 여행참가 전 위험지각 수준과 여행참가 중 위험지각 수준의 차이가 여행자의 만족에 직접적인 영향관계가 있다고 볼 수 있다. 즉 여행자는 여행상품을 선택한 후 실제 여행을 체험하게 되는데, 여행참가를 통해서 관광욕구나 요구단계에서 기대와 참가에서 지각되는 방문성과의 차이에서 느껴지는 반응을 통해 만족·불만족이 나타날 수 있다.

(6) 지각된 위험감소전략

소비자들은 위험을 감소시키기 위해 그들 나름대로의 독특한 전략을 발전시키고 있다. 물론 그러한 전략이 반드시 위험을 실제로 감소시키고 있는지는 명확치 않으나 그러한 행위의 결과 적어도 구매결정에 있어서 자신감을 지니게 될 것은 분명하다. 그러면 위험을 감소시킬 수 있는 전략으로서는 어떠한 것들이 있는가?

1) 정보의 탐색

그 제품에 관해 보다 많은 정보를 지니고 있을수록 구매결정의 불확실성도 그만큼 낮아지고 따라서 지각위험도 적게 된다. 그리하여 소비자들은 구매대상과 관련한 위험을 감소시키기 위해 그에 관해 친구·가족·판매원 혹은 매스미디어로부터 추가적인 정보를 탐색하려 할 것이다.

한 조사에 의하면 고위험 지각자는 저위험 지각자에 비해 제품관련의 비공식 대화에 참여할 가능성이 보다 높았다고 함으로써 이를 뒷받침하고 있다.

2) 상표충성

소비자들은 새롭거나 사용경험이 없는 제품을 구매하기보다는 그들이 이미 만족을 느끼고 있는 바로 그러한 상표를 계속해서 구매함으로써 가급적 위험을 회피하려 할 것이다. 신제품 수용에 관한 한 조사에 의하면 고위험 지각자일수록 구 상표에 보다 높은 충성을 보이고 있는 반면 신제품을 구매할 가능성은 보다 적었다고 한다. 이를 뒷받침하는 것이 일반적으로 고위험 지각자는 저위험 지각자보다 상표충성도가 더 높은 것으로 나타났다고 하는 사실이다.

3) 상표 이미지

그 제품의 구매경험이 전혀 없는 경우 소비자들은 대체로 그들이 선호하거나 널리 알려진 상표를 선택함으로써 그 제품의 구매에서 오는 위험을 감소시키려는 경향이 있다. 실제로 소비자들은 유명상표일수록 보다 우수하고 품질·내구성·성능·서비스가 보장되어 있는 것으로 생각하는 경향이 있다.

그러므로 마케터의 촉진활동은 어떤 의미에서 유리한 상표이미지를 형성시켜줌으로써 그 제품의 품질을 보장시켜주기 위한 한 수단이라고도 할 수 있다.

4) 점포 이미지

소비자들은 위험감소를 위해 상표 이미지뿐만 아니라 점포 이미지에도 의존하려는 경향이 있다. 그러나 아무리 점포 이미지가 좋다 하더라도 그 점포가 저질의 상표만을 판매하고 있는 경우라면 점포 이미지가 결코 위험감소를 위해서 큰 도움이 되지 못할 것이다.

5) 고가상표

"가격은 품질이다(price tells the quality)"라는 말이 있듯이 그 제품에 대해 자신이 없는 경우에는 대체로 가장 비싼 상표를 선택함으로써 소비자들은 위험을 최소화시키려 한다. 다시 말해서 가격을 품질의 지표로 삼으려는 경향이 있다는 것이다.

6) 보 증

제품선택과 관련하여 불확실성을 느끼는 소비자들은 또한 환불, 품질보증, 정부나 사기관의 상품 테스트, 구매전시용 등을 통해 재보증을 받으려 할 것이다.

이상 열거한 위험감소전략 중 소비자들에게 가장 많이 이용되고 있는 것은 역시 상표충성과 상표 이미지이며, 가장 적게 이용되고 있는 것은 고가상표의 구매와 보증의 탐색이라고 한다. 이는 곧 마케터는 우선 소비자들이 지각하고 있는 위험이 어떤 유형인가를 발견한 다음 그들 표적고객에 적합한 위험감소전략을 결정해야 함을 의미한다.

또한 여행상품 이용자와 같은 고위험 지각자는 저위험 지각자들에 비해 신제품을 구매할 가능성이 보다 적기 때문에 그들에게는 지명도가 높은(상표 이미지가 좋은) 여행사를 통한 유통정보적 광고, 무상견본, 환불보증, 상품테스트 결과의 공표와 같은 위험감소 방안을 제시하는 것이 좋을 것이다.

4-2-4 거리지각

(1) 거리지각의 개념

지각은 기능적으로 말해서 우리가 주변세계에서 직접적으로 정보를 얻는 과정이다. 이는 현상학적 측면에서 유기체의 주변상황에 대한 현재 발생하고 있는 사상들에 대한 인식이며, 반응적 측면을 갖는다. 또한 주변상황의 자극에 대한 변별적이고 선택적인 반응을 수반한다.

지각이란 "우리가 주위세계를 보는 방법"이라고 말할 수 있다. 가령 두 사람이 똑같은 조건하에서 똑같은 자극물에 노출된다 할지라도 그들이 그것들을 어떻게 선택하여 조직화하고 인식하며 또 해석하느냐 하는 것은 각자의 필요·가치·기대 등에 따라 크게 다를 것이다. 그러므로 지각이란 "개인이 자극물을 선택·조직화·해석하여 의미 있고 조리 있는 세계의 참모습으로 전환하는 과정"이라고 정의할 수 있다.

관광은 관광자의 거주지와 관광목적지간의 공간적 이동을 의미하므로 거리는 관광지선택 의사결정 행동을 설명해주는 주요 변수로 다루어져왔다. 그러나 객관적인 용어(예 킬로미터, 시간, 금전적 비용과 같은 용어)로서 측정되는 거리와 개인에 의해 지각되는 거리 사이에서 커다란 차이가 있다. 물리적 거리와 관광자의 관광지 선택 의사결정 행동과의 관계에 관한 연구에서, 관광지 선택은 대안 관광지들까지의 실제적 거리에 의해서 결정적인 영향을 받게 된다고 보고 있다.

경제지리학자들은 이를 '거리마찰효과'라는 개념으로 설명하고 있다. 즉 관광욕구를 충족시켜줄 것으로 기대하는 관광지를 선택하려고 할 때 관광자는 이동거리 최소화의 원리에 의해 유사 대안 관광지들 중에서 가장 가까운 곳에 위치한 관광지를 선택하려 한다는 것으로 여행이동 거리에 따라서 금전적·시간적·편의적·신체적, 그리고 정서적 비용의 과소비가 발생하게 되므로, 이들 비용이 여행을 억제시키는 작용을 한다.

그러나, 거리는 관광을 억제하는 작용도 하는 반면에 관광을 촉진하기도 하는데, 멀리 떨어져 있는 목적지는 단지 멀다는 이유만으로 관광자에게 특히 매력적으로 지각되기도 한다고 한다.

Cadwallander(1976)는 지각된 거리를 다시 거리지각과 시간거리지각으로 나누고, 이 중 거리지각은 여행형태에 있어서 갈 것이냐, 어디로 갈 것이냐, 어느 길로 갈 것이냐 등으로서 소비자결정에 중요한 영향을 미친다고 보았다.

Ankomag, Crompton, Dwayne(1995)는 실제 거리와 지각된 거리와의 관계를 규명하는 연구에서 자동차 휴가 목적지의 선택에 영향을 주는 요인들에 대한 순위를 개방형 질문으로 조사하였는데, 응답자들은 목적지까지의 거리, 목적지에서의 이용 가능한 매력물, 휴가비용 순으로 응답하고 있다.

또한 선택세트의 형성에 있어서 거리지각의 영향을 조사한 결과, 거리지각은 상황적 제한요인으로 사회심리학적 과정에 의해 형성되어지는 것으로, 관광자의 휴가여행비용(이동비용)을 증가시키거나 감소시키는 데 잠재성을 지니고 있다고 보고 있다.

따라서, 거리지각이란 대규모 공간에서 장소와 거리에 대한 사람들의 신념으로서 정의될 수 있는데, 개인의 사회·문화적, 그리고 일반생활 경험에 의해 형성되는 실제거리의 정신적 표현이다. 거리지각현상이 제시하는 것은 관광자가 여행결정에 있어서 거리의 영향을 평가할 때, "목적지가 실제거리보다 더 가깝게 혹은 더 멀게 있다"라고 한다는 것이다.

(2) 거리지각의 영향요인

1) 시간요인

여행은 시간과 공간을 통해 일어난다. 따라서 여행은 시간과 거리로 설명된다. 사실 많은 사람들은 거리를 시간으로 인식한다. 시간에 대한 인식은 개인에 따라서 다르게 나타난다. 합리적인 여행시간으로서의 이동거리 개념에서 보면 의사결정자는 관광목적지까지의 거리가 임계점을 초과할 때에 한해서 거리를 중요하게 인식한다고 본다.

그러므로 Bockstael(1987)은 관광자의 거주지와 대안 관광지들까지의 거리차가 크지 않을 때는 공간적으로 무차별하다고 가정하여 여행시간 그 자체는 정한 범위 내에서 특정 관광지 선택시 긍정적 효용성을 갖는다고 주장하였다.

2) 비용요인

목적지 선택에 있어서 비용의 역할에 대한 연구를 보면, 1968년 Pearce는 여행비용을 고정비와 변동비로 구분하고 관광지까지 가는 데 소요되는 여행비용을 고정비로, 그리고 체재하는 것과 관련된 비용을 변동비로 보면서 총소득 가운데서 여행에 할당된 비용이 일정하고, 여행에 할당된 비용 중 고정비용이 크면, 변동비용이 작아짐에 착안하여 체재기간을 결정하려고 하였다.

여행비용모형(TCM)에서는 일반적으로 방문지에서 멀리 떨어진 지역에 사는 관광객일수록 이용도가 낮으며, 가까운 지역에 사는 관광객일수록 더 많이 방문한다고 가정하고 있다. 여행비용의 증가를 가변 입장료와 대리변수로 보고 여행거리에 다른 거주지역별 방문자 수를 분석함으로써 방문지의 수요곡선을 도출하여 비시장 가치를 추정하고 있다.

한범수는 관광목적지 방문수요 도출에 있어서 가장 강력한 변수는 인구이지만, 거리·비용이 매우 중요한 역할을 하고 있다고 보고 있다. 이 중 거리는 비용보다 관광지의 방문수요를 결정하는 데 더욱 큰 영향을 미치고 있는 것으로 보고 있다. 관광활동에서 이 모든 비용의 합을 보상해줄 수 있는 더 큰 편익이 존재하지 않는 한 거리의 마찰효과는 관광지 선택에 더욱 명확한 영향을 미치게 된다.

즉, 거리변수가 비용의 증가와 관계될 뿐만 아니라 다양한 장소를 방문하는 데 있어서 제한적 영향을 미쳐 결국 거시적 관점에서 수요감소 효과를 나타내게 된다고 보는 것이다.

관광목적지 선택은 고관여 활동으로서 많은 비용을 치르게 된다. 따라서 비용은 개인이 목적지의 거리를 판단하는 데 용이하게, 혹은 어렵게 만드는 매우 중요한 요인으로 작용할 것으로 판단된다.

본 연구에서는 관광자의 비용에 대한 지각의 차이가 거리지각에 영향을 미친다고 보았다.

3) 교통요인

교통이란 인간이나 재화의 상호교류를 말하고, 그 장소적 이동을 의미한다. 또한 교통시설은 관광의 본질적 요소 가운데 하나인 이동을 담당하는 것이므로 관광과는 매우 밀접한 관계를 맺으며 발전해왔다. 즉 관광을 하기 위해서는 목적지까지 교통로와 교통수단을 필요로 하며, 이를 이용하지 않는 관광은 생각할 수 없다.

교통기관의 발달은 이동을 편리하게 하고 목적지에 이르는 시간과 비용을 줄여줌과 동시에 관광지간의 근거리화를 촉진시켜 관광발전의 기반을 제공해준다. 관광목적지들은 일반적으로 상이한 환경상황에 놓이게 되므로 양 지역 간의 이동거리는 관광자의 생각과는 관계없이 교통조건, 이동시점 들에 따라 달라지게 될 것이며 목적지 및 여행경로의 공간적 구조, 이용교통조건, 여행가능시간에 따라서 이동거리시간의 긍정적 가치는 달라질 수 있다. 따라서 교통요인에 의해 거리지각은 달라질 것으로 판단되어지고, 이러한 교통요인의 지각은 거리지각에 영향을 주는 요인으로 보았다.

4) 위치지각요인

조성호(1997)는 관광지 지각에 관한 연구에서 독특한 문화지역으로서 특수한 가치관을 형성해온 영·호남 지역 두 도시를 대상으로 심상지도를 통해 공간지각의 차이를 알아보고자 하였는데, 심상지도상의 개인 위치도에 따라 위치·범위·거리지각에 차이점이 나타남을 밝혀냈다. 또한, 대상지 선발을 위해 지명도를 알아보았는데 지명도에 따라 위치·범위·거리지각에 차이점이 나타남을 알 수 있었다.

위치지각은 공간지각의 한 부분으로서 공간구조 및 공간 구성요소의 방향과 관계에 대한 위치적인 지식을 일컫는 것이다. 위치지각을 지도화한 것을 위치도식이라 하는데 어떤 사람의 위치도식을 연구한다는 것은 환경 구성요소의 위치, 범위, 규모, 형태 등의 특성을 공간적으로 어떻게 지각하고 있는가를 구명하는 것을 의미한다. 이러한 위치도식 연구의 기본가정은 공간 행위자가 환경에 대해 나름대로의 질서를 부여하며, 다소 왜곡되고 한정적이기는 하지만 자신의 위치도에 의거해서 행동한다는 것이다. 즉, 개인의 위치도에 따라서 특정 지역에 대해 위치나 범위, 그리고 거리를 지각한다는 것이다.

제 5 장 학습과 관광행동

'아차 ! 컨디션'이란 광고는 우리에게 친숙하다. 제일제당은 1992년 11월에 알코올 대응음료인 '컨디션'을 출시하면서 표적고객인 '접대가 많은 비즈니스맨'들에게 어떻게 하면 어필할 수 있을까를 고민하였다. 그리고 다른 음료와는 달리 음주 전에 마셔야 한다는 단점도 가지고 있었다. 따라서 당면한 가장 큰 문제는 어떻게 하면 접대가 많은 비즈니스맨이 음주를 하기 전에 알코올 대응음료를 마시는 습관을 형성할 수 있도록 하는가였다.

'아차! 컨디션' 광고를 통해서 집중적으로 판촉을 한 결과 애주가들이 새로운 음주습관을 형성하게 되었다. 그로 인해 인지율 및 매출에 큰 영향을 받아 많은 성장을 하였다.

5-1 학습의 개념

학습이란 "장기기억의 내용이나 조직에 있어서 변화"라고 정의한다. 또한 "소비자는 제품의 직접 경험이나 외부정보에 의하여 그 제품에 대한 기존의 신념·태도 및 행동(의도)을 변화시킬 수 있는데" 이를 학습이라 한다.

따라서 학습은 정보처리 과정의 결과이며, 장기기억 속에 변화를 야기시킨다. 물론 정보처리는 관여도가 높은 여건에서는 의식적이며 매우 신중하지만 관여도가 낮은 여건에서는 의식적이지 않기 때문에 학습도 역시 관여도가 높은 학습상황과 관여도가 낮은 학습상황으로 구분할 수 있다.

- **학습** : ① 인지적 학습 — 사고 과정에 의하여 이루어지는 학습
  ② 행동주의적 학습 — 자극과 반응의 연결에 의하여 이루어지는 학습

5-2 학습이론

5-2-1 인지적 학습

(1) 학습과정

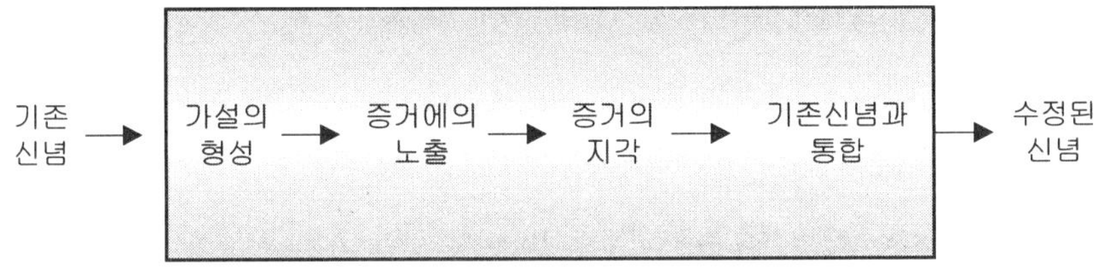

[그림 5-1] 학습의 과정

① 기존신념 : "가전제품은 일제가 좋다", "삼성은 믿을 만하다" 등 평소 생각하고 있던 신념

② 가설의 형성 : 보통 광고의 주장은 가설의 역할을 한다. "하이트맥주는 천연암반수로 만들었기 때문에 맛이 깨끗하다"는 광고의 주장은 가설로서 받아들여진다.

③ 증거의 검증 : 객관적인 증거에 의해 검증을 받는다. 검증방법에는 직접 상품경험이나 믿을 만한 신용평가기관의 품질평가표 등이 있다.

④ 가설의 검증에 의해 받아들여진다.

⑤ 이때 '확인의 편향(confirmation bias)'이 일어나는데 이것은 가설검증시 소비자들은 가설을 기각하는 쪽보다는 지지하는 쪽으로 증거를 해석하게 될 가능성이 높다. 따라서 하이트맥주가 다른 맥주에 비해 특별히 깨끗한 맛을 가지고 있다고 느끼게 되는 경향이 있다.

(2) 마케팅적 시사점

시장에서의 리더인 기업은 소비자들에게 촉진활동을 통해 굳이 다른 상표를 경험해보려고 노력할 필요가 없다는 것을 강조하는 것이 중요하다.

예 롯데껌(껌이라면 역시 롯데껌)

반면에 시장점유율이 2위 이하인 기업에서는 소비자들로 하여금 가능하면 많은 탐색과 학습을 하게끔 부추길 필요가 있다.

예 기아자동차 광고("안전, 성능…, 비교해보시면 더 나은 차가 있습니다. 이번 기회에 바꾸십시오.")

5-2-2 행동주의적 접근

(1) 고전적 조건화

파블로프(Pavlov)의 조건반사가 있다. 개에게 먹이를 줄 때마다 종을 치니까 나중에는 먹이가 없이 종만 치더라도 개의 침샘에서 침이 나온다는 것을 발견하였다. 이것을 '무조건 반응'이라고 한다.

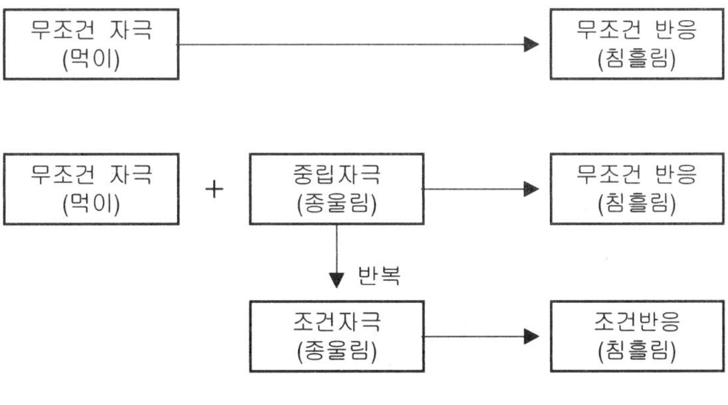

[그림 5-2] 파블로프의 조건반사

이와 유사하게 소비자가 중립적인 태도를 갖는 어떤 제품과 함께 즐거운 음악과 멋진 배경 등을 함께 연출하는 광고에 반복적으로 노출되면 나중에는 그 제품에 대해 저절로 호의적인 태도를 보이고 있다(코카콜라, 데미소다, 말보로 광고 등).

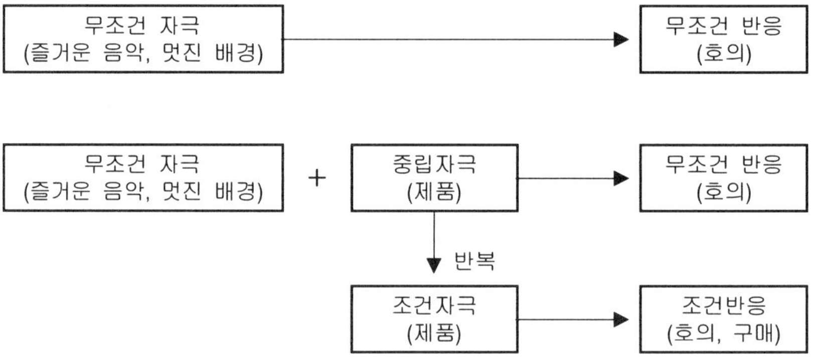

[그림 5-3] 조건반사의 마케팅 적용

(2) 수단적 조건화(스키너의 실험)

상자에 단추를 설치하고 비둘기를 집어넣었다. 세 가지 상황을 설정, ① 단추를 누르면 모이가 나오도록 함(긍정적 강화), ② 상자 내에 약간의 전기가 흐르도록 한 다음 단추를 누르면 전기가 흐르지 않도록 했다(부정적 강화), ③ 처음에는 전기가 흐르지 않다가 단추를 누르면 전기충격이 오도록 상황을 설정(처벌)하였다.

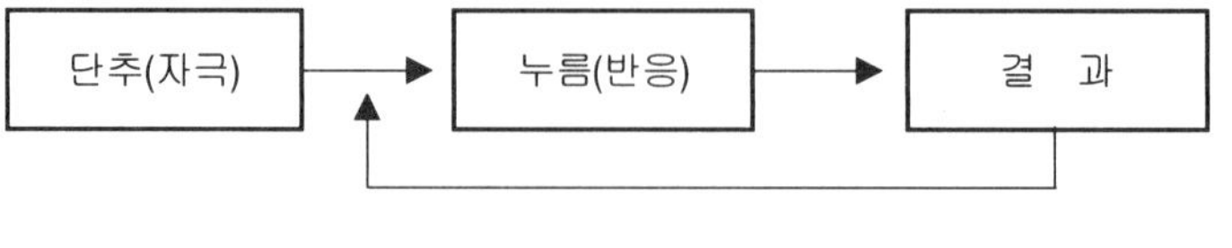

[그림 5-4] 스키너(Skinner)의 수단적 조건화

비둘기는 호기심에서 혹은 우연히 단추를 누를 수가 있는데 몇 번의 반복 끝에 그 단추를 누르면 어떻게 된다는 것을 학습하고 그 다음부터는 스스로 단추를 누르거나 혹은 절대 누르지 않는다.

(3) 마케팅적 시사점

① 특정 패스트푸드점에서 음식을 사먹은 후 그 맛에 만족(긍정적 강화) → 재구매 가능성이 크다.
② 두통 → 특정 진통제 구입 · 복용 → 두통 해소(부정적 강화) → 다음 번에도 그 두통약을 구입
③ 일식집 식사 → 식중독(처벌) → 그 일식당 이용하지 않음

5-3 학습의 응용

5-3-1 고객충성도

(1) 고객충성도의 개념

소비자들의 생활의 질에 대한 관심증대와 소득의 향상, 라이프스타일의 다양화 등으로 서비스에 대한 관심이 증가하고 있으며, 이러한 경향은 1980년대 이후 서비스산업에 중요한 환경적인 변화를 가져왔다. 또한 서비스의 역할이 사회 · 경제적으로 차지하는 비중이 전반적으로 높아져 서비스산업에 있어 일반제조업과는 다른 마케팅 개념이 필요하게 되었다.

어느 상품에 대해서든지 그 시장은 서로 다른 충성도를 보이는 소비자들로 구성된다. 소비자 중에서 상표충성도가 높아서 한 가지 상표만을 일

관성 있게 고집하는 사람이 있고, 이보다 낮으나 어느 정도의 충성도가 있어 두세 가지의 상표만을 사용하는 사람도 있다. 반면에 상표와는 관계없이 가격이 싼 상품을 찾거나 매번 새로운 상품을 구입하는 사람도 있다.

항공산업과 관련된 Ostrowski 등의 연구에 따르면 대략 사업여행객의 46%와 관광여행객의 49%가 현재 이용하고 있는 항공사를 다시 이용할 의지가 있고, 사업여행객의 40%와 관광여행객의 45%는 다음 여행에서 항공사를 바꿀(switch) 것이라고 응답하였다. 이것은 항공사간의 시장점유율 측면에서 본다면 대단한 잠재력이 아닐 수 없다.

기업의 입장에서는 충성도가 높은 소비자들을 우선적으로 분석할 필요가 있다. 왜냐하면 이들을 분석함으로써 주요 고객층의 욕구를 더 잘 이해하고 보다 적합한 마케팅 전략을 개발할 수 있기 때문이다.

그리고 두세 가지의 상표만을 구입하는 소비자들을 분석해보면 경쟁사가 누구인지를 알 수 있다. 따라서 경쟁사에 대해 효과적인 대응전략을 세움으로써 시장점유율 확대를 도모할 수 있다.

고객충성도에 관한 개념은 지난 수십 년 동안 많은 학자들의 관심을 끌어왔고, 그 개념에 대한 논의가 계속되고 있으나 아직까지 명확한 정의는 내려지지 않고 있다. 충성도에 관한 연구에서 각 업종별 특성과 학자들의 연구목표가 상이함에 따라 충성도에 관한 정의는 아직까지 명확히 내려지고 있지 않다.

〈표 5-1〉에서 다양한 충성도에 대한 정의들을 정리하였다.

〈표 5-1〉 다양한 충성도 개념의 정의

충성도 종류	학자	충성도의 정의
상표충성도	Aaker (1992)	계속해서 지속적인 상표구매 결과 상표에 대해 호의적인 태도를 갖게 되는 것이다.
	Day (1969)	진실된 충성(truly loyal)은 고객이 반복적으로 구매하는 것과 더불어서 호의적인 상표에 대한 태도를 가지는 것이다.
	Elrod (1987)	상표에 대해 몹시 집착하는 것이다.

충성도 종류	학자	충성도의 정의
상표충성도	Engel, Blackwell과 Kollat(1982)	고객이 어떤 기간 동안에 특정 제품범주에서 하나 또는 그 이상의 상표에 대한 선호적인 태도반응과 행동반응이다.
	Jacoby와 Kyner (1973)	① 편향적(biased)이고, ② 행동적인 반응(behavioral response)이고, ③ 시간을 초월한 개념(expressed over time), ④ 몇몇 의사결정 단위에 의한 것이고(by some decision- making unit), ⑤ 동종의 상표에서 하나 혹은 그 이상의 대안을 기대하는 것이고(with respect to one or more alternative brands out of a set of such brands), ⑥ 심리적(의사결정, 평가) 과정의 기능(as a function of psy- chological process)으로서 설명된다.
	Kostecki(1994)	고객이 상표에 애착하는 정도, 그리고 그들이 상표를 바꾸려는 정도를 말한다.
	Muncy(1983)	상표에 대한 심리적이고 행동적인 몰입을 둘 다 반영한다. 진실된 상표충성 고객은 인지적 몰입과 행동적 몰입을 가질 것이다.
점포충성도	Enis와 Paul (1970)	주어진 기간 동안 특정 점포를 애고하는 소비자의 경향
	오상락(1983)	소비자가 특정 기간 동안 가지는 각 점포에 대한 선호의 일관성 정도
	유동근(1992)	구체적인 기간 동안 특정한 점포를 애고하려는 소비자의 성향
고객충성도	Dick과 Basu (1994)	충성도를 위해서는 잠재적인 대안과 비교할 만한 호의적인 태도와 재방문의사가 요구된다. 충성도는 대상에 대한 상대적 태도와 재구매행위간 관계이다.
	Reynolds, Darden, Martin(1974)	고객이 이전에 경험했던 유사한 상황에서 유사한 행동을 계속해서 나타내는 경향이다.
	Selnes(1993)	제품 혹은 서비스와 관련된 의도된 행동을 나타내는 것이다.
	박진영(1999)	서비스 제공자(항공사)에 대한 재구매 행동의 정도, 긍정적인 태도를 가지는 정도, 항공 서비스가 필요하면 가장 먼저 하나의 서비스 제공자(항공사)가 떠오르는 정도

충성도 종류	학자	충성도의 정의
서비스충성도	Backman(1988) Jarvis와 Mayo (1986)	서비스 제공자를 이용하는 고객의 참여 정도와 서비스 제공자에 대한 심리적인 애착이다. 회사에 대해서 재구매행동을 나타내고 강한 태도를 가지는 것이다.
	Lee와 Cunningham(1996)	과거 경험이나 미래의 기대에 의해서 그들의 현재 서비스 제공자(혹은 회사)를 재이용하려는 고객의 의도이다.
	Prabhu(1991)	여러 대안들 가운데 하나의 회사가 제공하는 서비스를 선택하는 선호
	Pritchard(1991)	서비스나 제품을 반복적으로 구매하려고 지각하는 것이고, 서비스나 제품에 대해서 강한 애착 혹은 태도적인 성질을 가진다.
	Gremler(1995)	고객이 일정 기간 동안 일관성을 가지고 특정 서비스 제공자를 이용하는 행동적 · 태도적 · 인지적 반응

※ 자료원 : 논자 정리

(2) 고객충성도의 유형

1) 상표충성도

많은 마케팅 연구들에서 고객충성도의 연구는 유형제품에 대한 소비자 충성도에 주로 집중되었고, 일반적으로 이것을 '상표충성도(brand loyalty)'라고 명명하였다. Copeland는 1923년의 연구에서 이러한 현상에 대해서 처음으로 연구를 하였고, 이것을 '상표 지속성(brand consistency)'이라고 명명하였다.

그 이후 1960년대와 1970년대에 유형적인 제품이 시장에 범람하여 많은 연구들이 상표충성도와 관련된 연구를 수행하였고, 특히 이러한 이슈에 대한 개념적 정의와 그 측정방법에 주로 초점을 맞추었다. 그러나 아직도 상표충성도의 정의는 폭넓게 받아들여지지 않고 있다.

Jacoby는 이러한 주제에 대해 가장 많이 상표충성도에 관한 정의를 내린 것으로 알려졌다. Jacoby와 Chestnut(1978)는 상표충성도를 "하나 또는 그 이상의 대체상표와 관련하여 몇몇 의사결정 단위에 의해 시간이 경과함에 따라 나타나는 편견을 가진 행동반응이며, 심리적인 과정이다"라고 정의하였다. 그는 상표충성도는 적어도 2가지 근원, 즉 상표충성 행위(brand loyal behavior)와 상표충성 태도(brand loyal attitudes)를 동시에 지녀야 한다고 제시하고 있다. 그래서 상표충성도는 행동의 형태로 나타나며, 어느 정도의 시간적인 지속성이 있고, 소비자들은 하나 이상의 상표에 충성할 수도 있다.

Jacoby와 Kyner(1973)는 충성도를 단순한 재구매 행동과 구별하고 다음의 6가지의 조건으로 정의하였다. 그들은 상표충성도를 ① 편향적(biased)이고, ② 행동적인 반응(behavioral response)이고, ③ 시간을 초월한 개념(expressed over time), ④ 몇몇 의사결정 단위에 의한 것이고(by some decision-making unit), ⑤ 동종의 상표에서 하나 혹은 그 이상의 대안을 기대하는 것이고(with respect to one or more alternative brands out of a set of such brands), ⑥ 심리적(의사결정, 평가) 과정의 기능(as a function of psychological process)으로서 설명했다.

Day(1969)는 상표충성도를 예측할 때 행동적인 측면만 사용한 모형보다 태도와 행동을 같이 사용한 모형이 2배의 예측력을 가지고 있다고 하였다. 더구나 행동적 측정 하나만 사용할 경우 70% 이상이 상표충성도가 있었지만 태도적 요소를 반영하면 50% 미만의 소비자만이 상표충성도가 있다고 하며, 반복구매만을 고려한 상표충성도의 정의는 상표충성도를 과대평가한다고 하였다. 그는 진실충성(truly loyal)을 "소비자가 반복적으로 구매하는 것과 부가하여 호의적인 상표에 대한 태도를 가지는 것"이라고 정의를 내렸다.

Engel, Blackwell, Kollat(1982)는 상표충성도란 "소비자가 어떤 기간 동안에 특정 제품범주에서 하나 또는 그 이상의 상표에 대한 선호적인 태도반응과 행동반응"이라는 확대정의를 내릴 수 있다고 주장하였다. 이 정의는 상표충성도의 어떠한 측정도 태도구성 요소와 행동구성 요소까지 포함해야 한다는 의미에서 많은 함축성을 지니고 있다. 유사하게, Peter와 Olson (1990)은 상표충성도를 '재구매 의도와 행동'이라고 정의를 내리고 있다.

상표충성도에 관한 다양한 정의들 가운데 다음과 같은 몇 가지 일반적인 점들을 발견할 수 있다.

첫째, 상표충성 소비자는 자신의 선택에 더 자기중심적이 되는 경향이 있다.

둘째, 상표충성 소비자는 구매시에 더 높은 위험지각을 하고 이러한 위험감소의 수단으로서 단일상표를 재구매하는 것을 나타났다.

셋째, 상표충성 소비자는 점포충성이 되는 경향이 있다.

넷째, 소수집단의 소비자들은 더 상표충성이 되는 경향이 있다. 충성도는 구매시의 큰 재정적인 위험과 안전하게 구매하려고 하는 욕구의 결과이다.

2) 점포충성도

소매업자들은 목표시장으로부터 그들 점포에 대한 충성도의 바람직한 수준을 만들고 유지하기를 원한다. 점포충성도는 소매업자에게는 단일개념으로는 가장 중요한 개념일 것이다.

만약 소매업자가 충성도의 본질과 정도를 결정할 수 있다면, 그들은 만족할 만한 수준의 판매실적의 유지와 증가를 위한 보다 나은 소매전략을 개발하려고 할 것이다. 진정한 점포충성도의 측정은 소매점 마케팅 전략의 인지에 매우 중요하다.

일반적으로 점포충성도(store loyalty)와 점포선호도(store preference)는 동의어로 혼동되기 쉽다. 그러나 점포충성도란 비교적 높은 선호도(어떤 사람이 특정 점포에서 구매하려는 의도된 노력을 할 정도의 선호)를 말한다. 이러한 점포충성도는 상표충성도와는 달리 연구가 부족한 탓에 명확한 개념정의가 이루어지지 않고 있다.

점포충성도는 가격파괴가 유행인 요즘 소비자의 가격지향주의에 의하여 많이 약화되기는 하였지만, 그러나 아직도 많은 소비자들이 한 점포에 충성적으로 남아 있으며, 충성적인 소비자는 그들의 구매를 한 점포에 집중시키는 경향이 있기 때문에 점포충성은 마케터에게 매우 중요한 자산이 될 수 있다.

점포충성도는 소매점 소비자행동의 중요한 차원으로서 받아들여지고 있다. 또한 이러한 충성도를 설명하는 데 있어 변수를 분리시키는 것이 중요하게 되었다. 몇몇 연구에서 이러한 행동을 설명하는 데 사회경제적인 변수와 인구통계적 변수는 거의 사용되지 않는다는 것을 발견하였다.

한 점포에 충성적인 소비자는 특정 상표에 대해서도 충성적인 경향이 있다. 그것은 점포선택에서 시간과 노력을 절감하려는 소비자가 상표선택에서도 시간과 노력을 절약하려고 할 것이며, 동일한 점포에서의 쇼핑은 그 점포가 취급하는 상표(특히 사적 상표)에 대한 충성도를 증대시킨다는 사실로 설명될 수 있다.

Enis와 Paul(1986)은 점포충성도를 "특정 기간 동안 주어진 점포를 선호하는 소비자의 경향"이라 정의하고, 점포충성도는 일반적으로 랜덤 선출로서 얻어진 특정 점포에 대한 더 큰 선호의 정도라고 하였다. 또한 그들은 점포충성도와 유의하게 관련 있는 7개의 사회경제적인 특성을 발견하였다. 충성도는 블루 컬러(blue color)들이 더 높았고, 이와는 반대로 교육적인 면과 관련 있는 경향이 있었다.

오상락(1983)에 의하면 점포충성도는 "상표의 선택에 고집성이 그다지 높지 않고 오히려 특정 점포를 신뢰하고 그 점포를 애고하는 쇼핑태도"를 말하고 있다. 즉 점포충성도는 "소비자가 특정 기간 동안 가지는 각 점포에 대한 선호의 일관성 정도"라고 할 수 있다.

유동근(1992)은 점포충성을 "구체적인 기간 동안 특정한 점포를 애고하려는 소비자의 성향"이라고 하였는데, 점포선택 모델에 따르면 점포의 이미지가 소비자의 욕구에 잘 부합될 때 형성될 수 있다.

예를 들어 편의성을 강조하는 소비자는 가장 가까운 점포에 충성적이

될 것이고, 개인적 친분을 즐기는 소비자는 판매원과의 편안함을 느끼는 점포에 충성적이 될 것이다.

3) 서비스 충성도

충성도와 관련된 개념들은 주로 대상 상표나 점포에 대한 정의로서 상표충성도나 점포충성도를 설명하고 있다. 그러나 서비스산업의 확대와 서비스 품질의 중요성 부각 등으로 인하여 서비스 충성도와 관련된 연구들이 최근에 많이 이루어지고 있다. 이러한 개념은 최근 들어 이루어진 것이기 때문에 명확하고 통일된 개념적 정의는 존재하지 않고 있는 실정이다.

Czepiel과 Gilmore(1987)는 서비스 충성도를 "특수한 상황에서 역동적인 심리적 과정의 결과로 나타나는 태도로 보고, 몰입(commitment), 긍정적 태도, 사전지식, 일치감, 믿음 등에 의해 뒷받침되는 성향"이라고 정의하였다. Dick과 Basu(1994)는 서비스 충성도를 태도와 행동의 복합적인 관점에서 정의하였는데, "서비스 충성도란 서비스에 대한 상대적 태도와 재구매 행위간 관계의 강도"라고 하였다.

우리나라에서도 최소영(1995)은 서비스 충성도를 유사한 성격의 '서비스 애호도'로 보고 "소비자가 일정한 기간에 걸쳐 일관성을 가지고, 특정 서비스 제공자를 이용하는 행동적 반응과 현재 이용중인 서비스 제공자에 대한 호의적인 태도적 반응의 복합적인 성향"으로 정의를 내리고 있다.

(3) 고객충성도의 중요성

소비자행동 분야에서 가장 광범위하게 연구되고 있는 것 중 하나가 상표충성도이다. Arnold는 1992년 그의 연구에서 상표충성도가 제품마다 상이하다는 것을 주장하면서 제품들의 상표충성도 비율을 〈표 5-2〉와 같이 제시하고 있다.

결국 이러한 제품들은 40% 이상이 높은 충성도를 갖는다는 것이다. 따라서 마케터들은 자연스럽게 상표충성도에 관심을 갖게 되는 것이다. 상표충성도에 관한 이러한 관심은 마케팅 관리자에게 좀더 중요한 개념이 되는데 그 이유는 적어도 다음과 같은 4가지 측면에서 살펴 볼 수 있다.

첫째, 상표충성 소비자들의 개발과 유지는 기업의 수익성과 관련되기 때문이다.

둘째, 시장세분화의 기준으로서 상표충성도의 이용이 가능하기 때문이다.

셋째, 판매수입과 이윤의 예측이 가능하다.

넷째, 주어진 시장에서 상표충성도의 정도에 따라 기업의 마케팅 전략이 바뀔 수 있기 때문이다.

충성고객을 유지한다는 것은 회사에 이익이 된다. 선행 연구들에서 충성고객 확보를 통한 고객 유지가 시장점유율을 높이거나 가격을 낮추는 것보다 훨씬 더 유리한 전략으로 평가받고 있다.

Reichheld와 Sasser는 충성고객 확보를 통한 고객 유지는 회사의 이윤에 있어서 "규모, 시장점유율, 단위가격, 기타 이익과 관련된 많은 다른 요소들"보다 더 큰 효과를 가진다고 주장하였다. 항공산업인 경우에는 Ostrowski 등은 가격의 저렴성보다 서비스 품질을 향상시키는 것이 고객충성도를 확보, 유지할 수 있는 전략이라고 밝히고 있다.

가격에 기초를 둔 경쟁은 단지 일시적인 효과를 보일 것이지만, 고객의 충성도를 발생시키고 유지시키지는 못할 것이다. 즉 가격에서의 경쟁보다는 서비스의 질적인 면에서의 경쟁이 고객충성도의 발생과 유지를 위해서는 더욱 중요하다는 것이다.

예를 들면, UA 항공사는 신규고객의 창조와 기존고객의 유지를 위해 다빈도 탑승자 계획(frequent flier plan)을 실시하기로 하고, 이 계획에 참여하는 고객에게는 여행거리를 합산하여 무료항공권의 제공, 체크인의 우선권, 공항 라운지 특별사용 등과 같은 혜택이 제공되도록 하였다.

〈표 5-2〉 제품별 상표충성도 비율

제 품	상표충성도 비율(%)	제 품	상표충성도 비율(%)
담 배	71	케 첩	51
마요네즈	65	세 제	48
치 약	61	맥 주	48
커 피	58	자 동 차	47
두 통 약	56	화 장 품	46
필 름	56	샴 푸	44
비 누	53	음 료 수	44

※ 자료원 : Arnold, D.(1992), *The Handbook of Brand Management*, Addision-Wesley Publishing Company, p.27.

신규고객을 한 사람 더 유치하는 데 발생하는 비용이 기존고객을 유지하는 것보다 무려 6배나 많은 비용이 든다는 연구에서처럼, 특히 자본회전율이 낮은 기업에게 고정적인 시장확보에 의한 원가경쟁력 강화에 많은 도움을 주는 등 기업의 장기적이고 효과적인 경쟁력이 될 수 있는 것이 바로 '고객충성도(customer loyalty) 강화' 전략이다.

실제로 고객만족을 통한 고객 확보율이 5%만 증가해도 이윤이 사업별로 25%에서 85%까지 증가할 수 있다는 연구가 있는데, 이것은 충성도가 높은 고객의 확보는 신규고객의 확보를 위해 투입해야 될 비용의 절감과 아울러 상대적으로 높은 가격임에도 불구하고 기꺼이 지불할 용의가 있는 고객이 많음을 의미한다고 할 수 있다. 그리고 또한 충성도가 높은 한 사람이 신규고객 다섯 사람을 확보할 수 있는 구전효과를 가져올 수 있다는 연구 결과도 나오고 있다.

Aaker(1992)는 상표충성도의 가치를 [그림 5-5]와 같이 네 가지로 설명하고 있다.

① 마케팅 비용의 감소

상표충성도를 가진 소비자 집단이 존재하면, 사업을 운영하는 데 있어 마케팅 비용을 절감시킬 수 있다. 이것은 새로운 고객을 끌어들이는 것보다 기존의 고객을 유지하는 것이 비용이 적게 들기 때문이다. 이것은 또한 경쟁자에게 비용적인 측면에서 상당한 시장진입의 장벽으로 작용하게 된다.

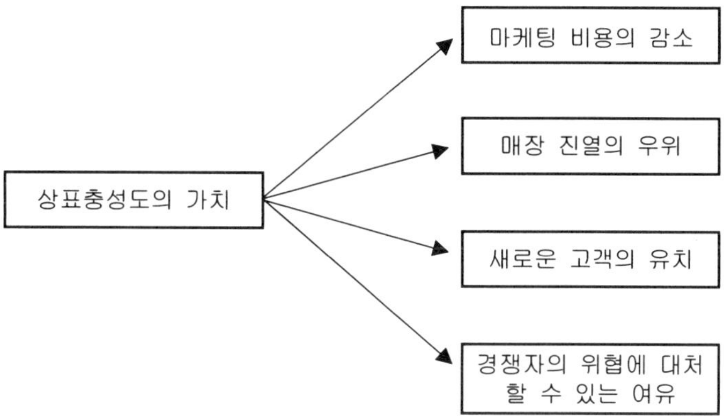

[그림 5-5] 상표충성도의 가치

※ 자료원 : Aaker, D.A.(1992), *Managing Brand Equity*, ≪브랜드자산의 전략적 관리≫, 마케팅커뮤니케이션 연구회 옮김, 도서출판 나남, p.57, 재인용.

② 매장진열 우위

상표충성도는 매장진열 우위의 효과를 지니고 있다. 즉 강한 충성도를 가진 상표는 매장에서 좋은 진열대를 차지하게 된다. 이는 결국 소비자의 의사결정에 중대한 영향을 미치게 된다.

③ 새로운 고객의 유인

기존의 고객이 만족한다는 사실은 잠재고객에게 확신을 제공해준다. 특히 신제품이나 구매에 위험이 따르는 제품의 경우 기존의 소비자들이 그 상표를 받아들이고 있다는 사실은 시장을 개척하기 위해서는 효과적인 메시지가 될 수 있다.

④ 경쟁적 위협에 대처할 수 있는 여유

상표충성도는 기업에게 경쟁적 위협에서 대처할 수 있는 시간, 즉 숨을 돌릴 수 있는 시간적 여유를 제공한다.

고객충성의 결과 얻어지는 수익은 장기적이며 누적적인 효과가 있다. 고객이 충성고객으로 남아 있는 기간이 길면 길수록 그 고객에게서 더 큰 이윤을 거두어들일 수 있다.

Reichheld와 Sasser의 연구 결과 [그림 5-6]과 같이 고객보유 기간이 5% 늘어나면 25~85%까지 이윤을 증대시킬 수 있었다.

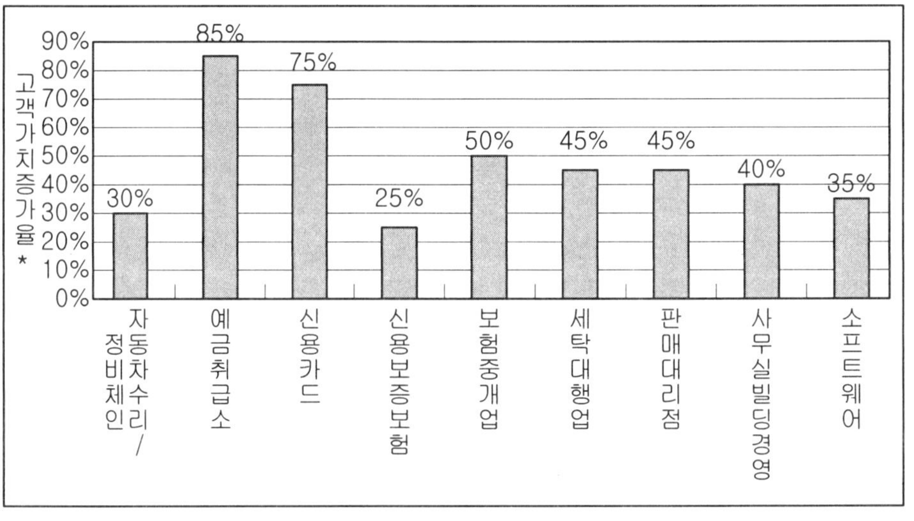

[그림 5-6] 업종별 고객이탈률과 이윤과의 관계

※ 자료원 : Reichheld, Frederick and W. Earl Sasser, Jr.(1990), "Zero Defections : Quality Comes to Services", *Harvard Business Review*, 68(September/October), p.110.

* 고객가치 증가율 : 고객이탈률이 현재 수준일 때와 고객이탈률이 현재보다 5% 감소한 경우에 현재 고객보유 기간 동안 발생하는 이윤의 순수 현재가치를 비교 산출함.

Griffin(1995)은 상표충성도를 구체적으로 5가지 측면에서 기업에게 비용절감의 효과를 가져다준다고 제시하고 있다.

① 마케팅 비용 감소
② 협상이나 주문처리 등과 같은 거래비용의 절감
③ 소비자 유인비용의 감소
④ 좀더 긍정적인 구전
⑤ 실패비용의 감소

임종원 등(1994)은 소비자가 내부탐색만으로 상표결정을 하는 경우, 이는 상표충성적 결정이 된다고 한다. 이 사실은 기업에 중요한 시사점을 갖는다. 따라서 소비자가 내부탐색만으로 구매를 고려할 때 떠오르는 상표들 중에 하나가 되는 것은 매우 중요하다고 할 수 있다.

소비자가 구매할 때 떠오르는 상표들이 환기상표군(evoked set)이고, 그중에서 구매에 고려하는 상표군을 고려상표군(consideration set)이라 하는데, 높은 상표충성도는 자연히 환기상표군에 더 나아가서 고려상표군에 포함시키기 때문에 그만큼 비용과 노력의 절감효과를 가질 수 있는 것이라고 주장하고 있다.

(4) 고객충성도의 측정방법

앞서 언급하였듯이 1960~1970년대에 상표충성도에 대한 연구들이 많이 이루어졌으나 대부분의 연구의 관심은 상표충성도를 어떻게 개념화하고 측정하느냐 하는 것이었다. 이러한 사실은 Goldberg의 "상표충성도에 관한 많은 연구들이 실제 세계에서 일어나는 현상을 정확하게 예측할 수 있는 척도를 개발하는 데 주력하고 있다"는 주장에서도 알 수 있을 것이다.

고객충성도의 측정은 앞서 다양한 정의에서도 언급하였듯이 충성도의 태도적인 측면과 행동적인 측면을 조사하여야 한다는 과제를 주고 있다. 지난 수십 년 동안 충성도와 관련된 연구들은 각 연구의 성격에 따라 충성도의 행동적인 척도, 태도적인 척도, 인지적 척도, 혹은 행동적인 측면과 태도적인 측면, 인지적 측면을 혼합한 복합적인 척도를 이용하였다.

행동적 관점에서의 상표충성도는 구매행동에 의해서만 판단할 수 있다고 보고 구매와 행동 결과에 초점을 맞추고 있다. 이 관점은 반복구매행동이 강화에 의해서 매개되는 자극-반응의 연결로 보고 있어서 행동주의적 학습이론에 토대를 두고 있다. 즉, 최근 구매의 결과(만족 · 불만족)에 따라서 다음 번 구매를 결정하게 된다.

행동적 접근방법의 문제점은 반복구매의 실제 이유를 알 수 없다는 데 있다. 즉, 소비자들은 편리성 · 가격 또는 구매용이성 때문에 특정 상표를 반복적으로 구매할 수 있다. 이러한 이유로 반복구매하는 소비자는 그 상표에 수동적으로 유인되었을 뿐이지 결코 충성도를 갖는 것은 아니다.

행동적 측정방법은 행동을 대상으로 상표충성을 측정하는 방법인데, 이것은 소비자들의 실제 구매행동이나 구매행동에 대한 소비자의 응답을 기초로 하여 상표충성도를 측정하는 것을 말한다.

태도적 측정방법은 실제 구매행동에 기초하지 않고 소비자들의 구매의도나 선호에 대한 응답에만 기초하여 상표충성도를 측정하는 방법을 뜻한다.

그리고 인지적 측정방법은 소비자들의 기억에 가장 먼저 떠오르는 정도를 측정하는 것이다.

복합적 측정방법은 위의 두 방법을 혼합한 방법을 말한다(Jacoby and Chestnut, 1978; 김광래, 1992).

측정방법마다 각기 장단점이 존재하지만 최근의 충성도와 관련된 연구들은 행동적인 측면과 태도적인 측면, 인지적 측면을 복합해서 고려하는 복합적인 측정방법을 많이 사용하고 있다.

1) 행동적인 충성도

충성도의 행동적 지수란 소비자의 구매행동이나 구매행동에 대한 응답을 기초로 하여 충성도를 측정하는 것이다. 이러한 지수들은 몇 개의 그룹으로 좀더 세분화될 수 있다.

즉 한 상표에 대한 구매비율, 구매의 연속성, 구매비율, 몇 개의 행동적 평가기준의 결합, 기타에 의한 것으로 분류할 수 있다.

① 구매비율 척도

구매비율 척도(proportion of purchase measures)는 가장 빈번하게 구매된 상표에 대한 총구매율로 상표충성도를 정의하는 것이다. 다시 말해 가장 자주 구매되는 하나의 상표에 대한 총구매비율로 상표충성도를 정의하여, 이 비율이 50%를 넘을 때 상표충성도가 있다고 하였다(Ryan, 1974).

또한 가장 자주 구매되는 2개의 상표 및 3개의 상표에 대한 총구매비율에 의거하여 각각 2종 상표충성도(dual brand loyalty), 3종 상표충성도(triple brand loyalty)로 정의하기도 하였다.

Cunningham(1956)은 상표충성도를 가장 최근에 이용한 단일 상표에 의해 나타내어지는 총구매비율로서 정의하였다. 즉 가장 높은 비율(%)은 특정 상표에 대한 강한 고객충성도를 의미하는 것이다.

한편 시장점유율이 75% 이상일 경우에만 상표충성도가 있다고 보는 핵심적 기준(hardcore criterion)과 비율이 67% 이상일 경우에만 상표충성도가 있다고 보는 2/3기준(two/thirds criterion)도 있다(Krafts, Granbois and Summers, 1973).

또한 소비자가 예외 없이 단 하나의 상표만을 반복적으로 구매할 때 상표충성도가 존재한다고 하는 배타적 평가기준도 있다(Tyebjee, 1979).

② 구매연속성 척도

구매의 연속성이란 일정한 구매행동 가운데서 특정 상표를 구매하는 행동이 어느 정도의 빈도를 나타내는가를 말한다. 상표가 구매되는 연속성에 근거한 집단은 Brown(1952)에 의해서 처음으로 연구되었다.

그는 특정 브랜드 'A'에 대한 고객충성도 수준을 ① 'AAAAAA'와 같은 구매경향을 보이는 비분리 충성, ② 구매경향이 'ABABAB'인 분리 충성, ③ 구매경향이 'AAABBB'인 불안정 충성, ④ 그리고 'ABCDEF'인 비충성으로 나누었다. 또한 3회 기준(three in a row criterion), 즉 하나의 상표를 3번 이상 연속으로 구매했을 경우에 그 상표에 충성적이라고 하였다.

구매연속성 척도(sequence of purchase measures)는 어느 정도 타당성은 있으나, 구매연속성을 계량적으로 요약할 수 있는 방법이 없고, 또 상표간의 다양한 비교를 하지 못하기 때문에 근래에는 거의 사용되지 못하고 있다.

③ 구매확률 척도

구매확률 척도(probability of purchase measure)란 이것은 과거 구매기간 동안에 하나의 특정 상표에 주어진 구매의 상대적 빈도로서, 반복구매확률(repeat purchase probability)을 기준으로 상표충성도를 정의하려는 것을 말한다. 또 어떤 구매시점에서 다른 상표로 전환을 하였을 때 다음 구매시점에서의 최초의 상표로 돌아올 상대적 빈도, 즉 복귀구매비율(return purchase probability)을 상표충성도로 보는 견해도 있다(Frank, 1962). 따라서 구매 가능성이 클수록 고객충성도가 큰 것이다.

④ 종합적 척도

먼저 쇼핑행렬(the shopping matrix)에 의하면 한 상점에서 본 평균상표의 수를 행(行)으로 나타내고, 방문한 상점 수를 열(列)로 나타낼 때 (P×P)의 행렬이 된다. 이때 방문한 상점 수는 많고 상점당 상표수가 적은 사람이 충성적 소비자이다. 이것을 종합적 척도(synthesis measures)라고 한다.

2) 태도적인 충성도

상표충성도의 행동적 지수는 다음 번 구매행동을 예측할 수 있을지는 몰라도 상표충성도를 일으키는 근본적인 요인에 대해 설명을 해주지 못한다.

상표충성도의 태도적 지수란 실제 구매행동에 기초를 두고 정의하는 것이 아니라 단지 구매행동의 의도나 선호에 관한 진술을 기초로 하여 상표충성도를 종합적으로 정의하는 것을 말한다.

행동적 지수가 표출된 행동(overt behavior)으로서의 상표충성 행동(brand loyal behavior)이라면, 태도적 지수는 내재적 선유경향(underlying predisposition)에 관한 정의이다.

태도적 지수는 행동적 지수가 설명하지 못하는 상표충성도의 형성과 상표충성도의 변화를 야기하는 근본적인 요인에 관해 설명을 가능하게 하는 심리적 구조로 태도를 간주한다는 점에서 주목할 만한 견해이다. 그러나 태도적 척도만을 고려하는 것은 행동적 지수를 이용하는 것에 비해 비교적 적게 사용되는 편이다.

① 상표선호

상표선호(brand preference)란 이것은 소비자들에게 "어느 상표를 좋아하십니까?"라는 질문에 응답하게 하여 특정 상표에 대한 선호성을 표시하는 것이다.

② 선호의 불변성

수년 동안 특정 상표에 대하여 비슷하거나 불변성(constancy of preference)으로 선호를 보일 때 충성도가 있다고 본다.

③ 상표명 충성도

가격에 상관없이 상표명에 따라 구매할 것인지를 질문하여 구매의사

정도에 따라 충성도를 판단하는 것을 상표명 충성도(brand name loyalty)라고 한다. 다시 말해 "나는 가격에 상관없이 내가 좋아하는 상표명에 따라서 구매선택을 한다"라는 설문에 대한 7점 척도로써 충성도를 평가한다.

④ 태도적 영역의 수정된 척도

충성도는 $\frac{R}{A} \times (1-NC)$로 정의되고 R, A, NC는 각각 총대상 상표에 대한 기각영역·선택영역·중립영역 속의 상표비율을 나타낸다. 이때 기각영역 범위가 클수록, 그리고 채택영역의 범위가 작을수록, 즉 R/A가 클수록 상표충성도는 커진다. 이것을 태도적 영역의 수정된 척도(modified measure of attitudinal region)라고 한다.

⑤ 승낙·거부 영역간의 거리

상표선호를 단일 연속선상에서 소비자들이 구매대안으로써 고려하는 상표에 대한 태도의 정도에 따라 승낙상표, 중심적 상표, 거부상표로 나누었다(Jacoby and Chestnut, 1978). 승낙영역과 거부영역 사이의 거리(distance between acceptance and rejection area)가 크면 클수록 태도적인 상표충성도는 큰 것이 된다.

3) 인지적인 충성도

인지적인 충성도는 최근 많이 논의되기 시작한 부분이다. 행동적 충성도와 같이 독립적으로 충성도를 설명할 수는 없지만, 최근 충성도의 측정에 있어 가장 많이 사용되는 복합적인 충성도 측정에서 매우 중요한 부분을 차지하고 있다.

① 인지적 충성도

인지적 충성도(cognitive loyalty)는 $\frac{RR}{AR} \times \left[\frac{BA-(RR+AR)}{BA} \right]$로 정

의되며, RR은 기각영역 속의 상표숫자, AR은 채택영역 속의 상표숫자, BA는 소비자가 알고 있는 상표 숫자를 의미한다.

상표충성도는 상표인지적 지수에 의하여 채택된 상표에 대한 지각된 상표의 비율로 정의된다.

② 구매결정시 포함되는 상표숙고 혹은 인지상표의 수

구매결정시 포함되는 상표숙고 혹은 인지상표의 수를 ① 상표구매행동, ② 상표에 대한 구매자의 매력충성도 등과 같이 충성도 측정에 포함하였다.

이외에도 Bellenger, Steinberg, Stanton(1976)은 인지적 충성도를 고객이 어떤 상품이 필요해서 그 상점을 떠올려 그 상점에서 쇼핑하는 경향으로 측정하였고, Gremler(1995)는 인지적 충성도를 "같은 종류의 서비스를 이용하게 될 때에는 항상 동일한 서비스 제공자가 먼저 떠오르는 것"으로 정의하였다.

4) 복합적인 충성도

상표충성도의 복합적 지수는 행동적 접근방법과 태도적 접근방법, 인지적 접근방법을 통합하여 상표충성도를 측정하는 방법으로서 최근 들어 이를 활용한 연구가 활발하게 이루어지고 있다.

앞에서 언급한 방법들은 각각 문제점을 가지고 있는데, 먼저 행동적 지수의 문제점은 단지 표출된 행동만을 측정함으로써 자칫 유사 상표충성도(spurious brand loyalty)를 진정한 상표충성도로 정의할 위험이 있고, 아울러 이러한 유사 충성도는 상황의 변화에 따라 다른 행동을 나타낼 수 있다.

또한 태도적 정의는 소비자의 내적인 성향만을 고려했기 때문에 태도와 행동의 불일치로 인하여 실제 소비자행동을 연구하는 데 적절한 지표가 되지 못하는 경우가 많다.

이러한 측면을 고려할 때 세 가지 방법을 혼합한 복합적 지수가 더 설득력이 있는 것으로 간주된다.

복합적 측정방법의 예를 들면 다음과 같다.

① 상표집착

상표집착(brand insistence)이란 이것은 배타적 구매의 행동적 지수와 재고 부족시의 위급한 경우에만 다른 상표를 구입하는 의사결정을 결합해 측정하는 것을 말한다.

② 상표전환까지의 가격

응답자가 가장 좋아하는 상표가 결정되고 난 후, 다른 모든 상표의 가격은 일정하게 두고 가장 좋아하는 상표의 가격을 한 번에 얼마씩 일정하게 올려서 소비자가 상표전환을 할 때까지의 시행횟수를 상표충성도의 지수로 삼는다. 이것을 상표전환까지의 가격(price until brand switching)이라 한다.

③ 상표사용 진술

상표사용 진술(stated brand commitment)이란 특정한 상표를 항상 구매한다고 응답하고 만일 재고가 없을 때에는 다른 상점에 가서 구매한다고 응답할 때 이것을 충성도가 있다고 보는 것이다.

④ 정보탐색

정보탐색(information search)이란 주로 내구재에 관해서 측정하는 것이다. 특히 상표충성도 측정 정도에서는 10에서 50 사이를 각각 10단위로 하여 정보탐색의 기준을 설정하고, 일련의 질문절차에 따라 높은 점수일수록 높은 상표충성도를 나타내게 되는 점수체계로서 표시하게 한 것이다.

⑤ 복합적인 상점충성도

상점충성도의 다변인적 측정은 다음과 같이 3단계에 따라 집계된다.

첫째, 조사대상 상점에서 소비자가 구매한 상품량의 비율을 구한다.

둘째, 제품계열, 구매에 소요되는 거리와 시간, 점원의 태도, 상점의 분위기, 주차시설 등의 판단기준에 따라 상점들의 서열을 정하고 그 역수를 취하여 첫 단계에서 얻은 비율에 가중치를 둔다.

셋째, 상점충성을 묻는 질문에 5점 척도로 응답을 얻어 둘째 단계의 가중치를 둔다.

(5) 서비스와 고객충성도의 관계

서비스 품질과 고객충성도와의 관계에 대한 많은 연구들이 이루어졌고, 대체로 긍정적인 방향으로 관계가 정립되고 있다. 서비스 품질과 고객충성도간의 대표적인 연구들을 살펴보면 다음과 같다.

자사의 상표와 경쟁사들 사이에서 차이를 지각하는 소비자들에게 서비스가 수반되는 만족은 충성도 생성에 중요한 요소가 된다. 나쁜 서비스를 통한 상표 차별화는 만족과 충성도를 가져오지 못한다. 충성도는 훌륭한 고객 서비스를 제공함으로써 얻어지는 긍정적인 차별화를 통해서 얻어진다.

따라서 서비스 제공자는 고객의 서비스 품질에 대한 불평을 들릴 때까지 기다리지 말고 고객의 만족도를 항상 모니터함으로써 서비스를 향상시켜야 한다.

〈표 5-3〉은 서비스와 충성도와의 밀접한 관련성을 잘 나타내주고 있다.

〈표 5-3〉 서비스 품질과 충성도간의 관계에 대한 선행연구

연구자	연구 대상	연구 결과
Ostrowski, O'Brien과 Gordon (1993)	상업항공사	고객들은 가격적인 측면보다는 승무원으로부터 받은 서비스 품질로부터 형성된 이미지를 더욱 중요한 것으로 지각하고, 서비스 품질이 고객충성도의 개발과 유지를 위해서는 더욱 중요한 역할을 한다고 주장하였다.
Dick과 Basu(1994)	-	관여와 만족, 지각된 서비스 품질의 세 가지 요인이 고객의 충성도의 정도를 추정한다고 한다. 즉 충성고객(truly loyal customer)은 다른 소비자층(spurious, latent, low)보다 그들의 브랜드 경험에서 ① 더 높은 관여도와 ② 더 큰 서비스의 차이 인식과 ③ 더 많은 만족을 한다는 것이다. 그들은 서비스 충성도의 관리를 위한 제언에서 서비스 충성도의 핵심요소를 서비스 품질로 보고 그 중요성을 강조하였다.
Lee, M.K.와 Cunningham (1996)	은행, 여행사	서비스 품질은 서비스 충성도에 강한 정(+)의 영향을 보이고 있었고, 비용의 측면에서는 전환비용이 높을수록 소비자들은 현재의 서비스 제공자를 지속적으로 이용하려는 의도가 높은 것으로 나타났다.
Prichard (1991)	항공사, 호텔	지각된 서비스 품질(perceived service quality)이 PCI(Psychological Commitment Instrument)로 측정된 고객의 충성도에 정의 영향을 미치는 것으로 나타나 시장세분화의 도구로서의 유용성을 밝혔다.
Prichard와 Howard(1997)	항공, 호텔, 레크리에이션 서비스	서비스 성과에 있어서 지각된 차이(서비스 품질의 우수함)가 고객충성도에 영향을 미친다.
Maloles(1997)	은행	서비스 품질이 충성도에 긍정적인 영향을 미치는 것으로 나타났다. 만족이 충성도에 미치는 것보다 더 영향력이 크다.
손대현 · 장병권(1994)	여행서비스	고객에게 최대의 인적 서비스를 제공함으로써 충성심을 조성할 수 있다.
최소영(1995)	이·미용실, 음식점, 병원	세 가지의 경우 모두에서 소비자들의 제공받은 서비스 품질에 대한 평가가 높을수록 충성도가 높아진다.

연구자	연구 대상	연구 결과
유동근 · 박노현(1998)	호텔	서비스 품질과 충성도와의 직접적인 관계는 연구되지 않았다. 다만 서비스 품질과 고객만족과의 관계는 서비스 품질의 차원 중 유형성 · 반응성 · 공감성이 고객만족에 정(+)의 영향을 미치는 것으로 나타났고, 고객만족과 행동의도와의 관계는 고객만족이 충성도에는 정(+)의 관계를, 상표대체에는 부(-)의 관계를 나타내었다.
신도길 · 박진영(1999)	패스트 푸드점	상표충성도의 정도에 따라서 서비스 품질의 평가가 차이가 나는 것으로 두 변수간의 영향관계를 간접적으로 설명하였다.

※ 자료원 : 저자 정리

■ 충성도의 개념

일정한 기간 동안 일관된 구매를 하는 긍정적인 태도와 집착

상표충성도(brand loyalty)
점포충성도(store loyalty)
서비스 충성도(service loyalty)

■ 충성도의 측정

☞ 행동적 충성 : 구매행동 혹은 구매행동에 대한 응답

◐ 구매비율 = 특정 상표(점포) 이용횟수 / 총이용횟수
50~67% 이상시 충성도가 높다고 봄

◐ 구매 연속성 : A B C D E F
A A A A A A : 비분할성(undivided loyalty)
A B A B A B : 분할성(divided loyalty)
A A A B B B : 불안정충성(unstable loyalty)
A B C D E F : 비충성(no loyalty)
1개 상표를 연속 3회 이상 구매 시 충성적이라고 봄.

☞ 태도적 충성 : 구매행동의도 혹은 선호에 대한 진술

◐ 상표선호
"○○ 상표를 좋아하십니까?" - 5점 혹은 7점 척도

매우 좋아한다 | 보통이다 | 매우 싫어한다

├───┼───┼───┼───┤

◐ 상표명 충성
"나는 가격에 상관없이 내가 좋아하는 상표에 따라 구매 선택을 한다." - 5점 혹은 7점 척도

◐ 인지적 충성 : 구매결정시 특정 상표가 생각나는지의 여부
"○○ 구매시 ○○ 상표가 가장 먼저 떠오른다"

☞ 진정한 충성고객 : 행동+태도 혹은 행동+태도+인지

Case 5 관광산업의 충성도

■ 관광산업 중 가장 충성도가 큰 것은 무엇인가?

조사된 4개의 관광산업 중 가장 행동적 충성도가 큰 것은 호텔산업(3.506)인 것으로 나타났다. 그 다음으로 패밀리 레스토랑(3.48), 패스트푸드점(3.446), 여행사(3.387)의 순으로 나타났다.

그리고 태도적 충성도가 가장 큰 것은 호텔산업(3.364)인 것으로 나타났다. 그 다음으로 여행사(3.342), 패밀리 레스토랑(3.304), 패스트푸드점(3.249)의 순으로 나타났다.

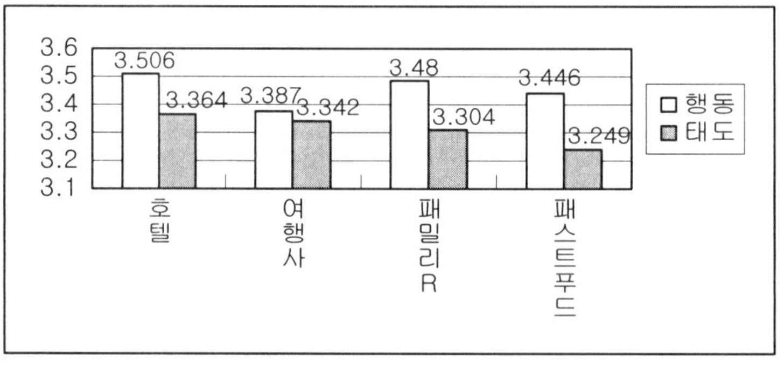

[그림 5-7] 관광산업별 충성도 비교

※ 자료원 : 박진영(2002), 〈관광산업에 있어서 관여와 충성도의 관계 연구〉, ≪관광이벤트연구≫, 제3집, p.79.

제 6 장

성격과 관광행동

6-1 성격의 정의

성격은 간단히 말하면 "어떤 개인의 특징을 이루는 행동 또는 체험의 기반이 되는 경향 또는 특성"이라고 하겠다. 이외에도 다음과 같은 정의들이 있다.

① 개인이 주위세계에 대해 보이는 반응
② 환경적 자극에 대해 비교적 일관성 있고 지속적인 반응을 가져오는 개인의 심리적 특성
③ 자기 자신 — 자아로 지각
다른 사람 — 어떤 특정한 자아로서 파악

6-2 성격의 특징

성격은 다음과 같은 특징이 있다.

① 성격은 개인차를 반영한다

성격을 구성하고 있는 개인의 내적 특성은 제요인의 독특한 결합이기 때문에 두 개인의 성격특성이 정확히 똑같을 수는 없다. 그럼에도 각 개인들은 어느 단일특성에 있어서 서로 유사성을 보이고 있다.

② 성격은 일관적 · 지속적이다, 즉 안정적이다

그러므로 마케터가 소비자의 성격을 바꾸기란 쉽지 않다. 문제는 내적 특성 이외에 심리적 · 사회문화적 · 환경적 요인에 의해 성격은 큰 영향을 받을 수 있기 때문에 마케터의 활동적 여지가 있는 것이다.

③ 성격은 변화할 수 있다.

성격은 상황변화에 따라 변화될 수 있으며, 그것은 돌발적인 사건이나 점진적인 성숙과정의 하나로서도 변화될 수 있다.

6-3 성격이론(정신분석이론)

성격이론(정신분석이론)은 프로이드 이론(Freudian theory)이라고도 하는데, 프로이드(S. Freud)에 의해 시작되었다. 이 이론은 생물적·성적 욕구와 같은 무의식적 욕구가 인간의 동기나 성격의 핵심이 되고 있다는 전제에 기초를 두고 있다.

인간의 성격 시스템은 원초아(id), 자아(ego), 초자아(superego) 등 세 가지의 상호작용 관계에 있는 시스템으로 구성되어 있다고 주장한다.

① id(원초아)

식욕, 성욕과 같은 원초적이고 충동적 욕구의 원천. 생물적 및 본능적 욕구의 즉각적인 충족을 추구하는 것

② superego(초자아)

도덕적·윤리적 행위규범의 내적 표현. id로부터 충동적 행동이 유발되는 것을 억제시키는 기능

③ ego(자아)

id의 본능적 행동과 superego의 윤리적 금지를 중재하는 것. ego는 id의 쾌락적 수요가 사회적으로 허용되는 범위 내에서 충족되는 것

성격을 구성하는 이들 세 가지 요소들의 상호작용이 무의식적인 동기를 유발하며 무의식적인 동기는 인간행동으로 구체화된다. 그러므로 행

동의 원인을 이해하기 위해서는 어떠한 성격요소가 무의식적이고 잠재의식적인 수준에서 소비자에게 영향을 미치는지를 알아야 한다.

프로이드는 성격이 어린 시절에 형성된다고 주장하였다. 부모와 자녀들간에 경험하는 느낌과 감정 등도 어린이들의 잠재개성 특성에 깊은 영향을 미친다.

6-4 자아이론

개인이 사회적으로 결정된 준거체계에 따라 자신에 의하여 지각하는 방식, 즉 사람들은 자신이 어떠한 신체적 특징을 가졌으며, 습관·가치관·능력 등을 가졌다는 식으로 자기자신에 대한 개념 혹은 이미지를 가진다. 이를 자아개념(self-concept) 혹은 자아이미지(self-image)라고 한다.

자아개념은 소비자들의 구매행동에 강력한 영향을 줄 수 있다. 즉 소비자들이 각양의 제품을 어떻게 지각하느냐 하는 것은 바로 그가 자신에 대해 지니고 있는 이미지에 의해 큰 영향을 받는다. 중요한 것은 소비자행동이 과연 그들의 자아개념과 제품이나 상표이미지에 대한 그들의 지각 간의 합치가 어느 정도 관련되어 있느냐일 것이다.

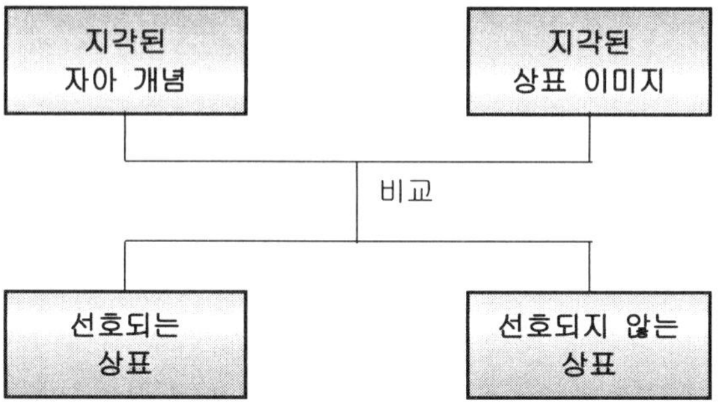

[그림 6-1] 자아개념과 상표이미지간의 일치 정도와 상표선호도와의 관계

※ 자료원 : David, L. Loudon and Albert J. Delta Ritta(1984), *Consumer Behavior*, 2nd ed., New York; McGraw-Hill Book Co., p.511.

자아개념은 시장세분화, 광고, 포장, 인적 판매, 제품설계, 소매활동 등에 이용되고 있다.

① 전체시장을 동일한 자아이미지를 지닌 소비자군별로 구획하여 마케팅 프로그램을 작성한다.

② 판촉광고에 이용한다.

③ 소매점 이미지와 표적 고객의 이미지와의 일치여부에 따라 호응도가 결정된다.

④ 제품설계에도 이용된다. 자아이미지에 맞는 제품개발, 특히 가구·의류·승용차와 같이 자아몰입 수준과 사회적 두각성이 높을수록 그러하다.

6-5 성격의 응용

6-5-1 사이코그래픽스

(1) 사이코그래픽스의 개념

사이코그래픽스(psychographics)는 소비자행동과 관련 있는 것으로 특히 최근에 와서 시장세분화를 위한 기준으로는 물론 표적시장의 특성을 규명하고 신제품의 잠재력을 탐색하며 촉진전략을 설계하기 위한 기법으로 널리 각광받고 있다. 그것은 이 개념이 비교적 쉽게 수집될 수 있는 소비자의 특성에 관한 자료에 토대를 두고 있기 때문이다.

1) AIO 측면

AIO 연구는 Well과 Tigert(1971), 그리고 Plummer(1974)가 전개하는 것으로, 소비자의 인간적 측면을 일상의 행동(activities), 주변의 사물에 대한 관심(interest) 및 사회적·개인적 제문제에 대한 의견(opinion)이라는 세 가지 차원에서 파악하려는 방법이다. 이 기법은 보다 광범위한 생활이 제측면을 포괄적으로 수용한다는 것이 특징이다.

〈표 6-1〉은 AIO 각 차원하의 몇 가지 변수들을 보여주는데, 그런 인벤토리에 포함되는 인구통계적 변수도 함께 나와 있다.

〈표 6-1〉 라이프스타일의 차원

활 동	관 심 사	의 견	인구사회학적 차원
일	가 족	그들자신	연 령
취 미	가 정	사회이념	교 육
사회적 사건	직 장	정 치	소 득
휴 가	지역사회	사 업	직 업
접 대	오 락	경 제	가족규범
클럽회원	유 행	교 육	주 거 지
지역사회	음 식	제 품	지 리
장 보 기	매 체	미 래	도시규모
운 동	성 취	문 화	생활주기단계

※ 자료원 : Joseph T., Plummer(1974), "The Concept and Application of Life Style Segmentation", *Journal of Marketing*, vol.38(January), p.34.

2) 성격 · 동기 측면

사이코그래픽스의 공통적인 형태는 소비자들의 성격 · 구매동기 · 관심 · 태도 · 신념 · 가치 등의 제측정치를 포착하기 위한 일단의 설문으로 구성되어 있다.

따라서 사이코그래픽스를 조사하기 위한 문항과 성격이나 동기를 조사하기 위한 문항과는 거의 동일할 뿐만 아니라 어떻게 보면 사이코그래픽 조사는 성격측정과 동기측정이 서로 절충된 것으로 볼 수도 있다.

성격측정과 동기조사라는 두 조사기법이 절충됨으로써 사이코그래픽스는 첫째, 표준화된 성격측정보다는 덜 추상적이며 또 소비자상황과 더 밀접히 관련되어 있고, 둘째, 동기조사의 긴 상담보다는 소비자의 욕구를 보다 객관적이고 능률적으로 측정할 수 있다는 이점을 지니고 있다.

3) 라이프스타일 측면

사이코그래픽스는 일명 라이프스타일 분석이라고도 불리는데, 사이코그래픽스의 보다 구체적인 형태는 제반 제품·서비스·상표, 혹은 특정의 소비상황에 관한 주어진 문항에 응답하도록 설계되어 있다. 그러므로 사이코그래픽스에 관한 개념을 보다 명확히 이해하기 위해서는 먼저 그와 유사한 개념인 라이프스타일과의 관계를 알아둘 필요가 있다.

라이프스타일이란 사람들이 살아가고 돈과 시간을 소비하는 전반적인 양식을 나타낸다. 그것이 특히 마케팅에서 중요시되는 것은 그 분석을 통해 각 시장구획의 차이점을 밝힐 수가 있음은 물론 그 사회 전체의 행동패턴을 알 수가 있기 때문이다.

그러나 라이프스타일은 고정된 것이 아니라 개인들의 가치·태도·신념 및 외부의 사회문화적 환경의 변화로 변화될 수 있으며, 따라서 마케터는 표적소비자들의 라이프스타일을 수시로 분석·평가하지 않으면 안 된다.

여기서 바로 사이코그래픽스의 필요성이 등장하게 된다. 즉 사이코그래픽스란 개인들의 라이프스타일을 측정하는 데 널리 이용되는 기법을 말한다. 그러므로 라이프스타일이 개인의 내부심리적 특성의 행동적 표현이라고 한다면 사이코그래픽스란 그러한 행동의 계량적 측정법이라 할 수 있다.

보다 구체적으로 말한다면 사이코그래픽스란 ① 소비자들의 구매는 그들의 라이프스타일과 얼마나 부합되며, ② 소비자들의 사회적·정치적 활동 및 그들이 선택하는 제품은 그들의 라이프스타일 및 자아개념과 어떤 관련이 있고, ③ 개인들은 그들의 라이프스타일이나 자아개념 가운데 과연 무엇이 결핍됨으로 인해 특정 제품의 구매나 특정의 활동을 초래하는가 하는 것 등을 측정하는 기법이다.

(2) 사이코그래픽스의 중요성

관광산업의 성공은 소비자 욕구와 요구에 적절히 대응하는 능력에 달려 있다. 관광산업은 소비자들을 만족시키기 위해 그들의 욕구와 요구를 인식해야 한다. 그 외에도 특정 소비자 집단들 간의 차이와 다양한 라이프스타일을 인지해야 할 뿐 아니라 소비지에 영향을 미치는 기회와 제한점을 이해해야 한다.

소비자 집단들간에 큰 차이가 있는 곳은 시장세분화가 가능하다. 시장세분화는 다양한 핵심적인 서술자를 사용함으로써 집단들을 정의하는 것을 포함한다. 따라서 정의된 이런 집단들은 일반적으로 '표적시장'이라 불린다.

Crompton은 표적시장을 '비교적 유사한 서비스 선호를 가지며, 비교적 동질적인 집단'이라고 정의한다.

■ 시장세분화 : 보다 효과적인 마케팅 믹스의 개발을 위해서 전체 시장을 상품이나 서비스에 대한 욕구가 비슷한 영업활동에 의미 있는 동질적 부분시장으로 나누는 작업

■ 표적시장 : 서비스 제공자가 자신의 마케팅 노력을 특별히 기울이는 고객집단

지금까지 가장 일반적인 세분화 기준은 데모그래픽스였다. 데모그래픽스 서술자는 성·연령·소득·교육·직업·종족, 그리고 가족규모와 같은 특징들을 포함한다.

사이코그래픽스는 소비자행동과 관련 있는 동기, 라이프스타일과 개성을 측정하고 서술하는 것이다. 그것은 데모그래픽스의 후면이며, 인간의 내면에 대한시각을 제공하는 것으로, 인간이 왜 행동을 하고, 그들이 원하는 것이 무엇인지에 이해할 수 있게 한다.

사이코그래픽스는 시장유인에 필요한 것과 시장의 욕구·요구를 만족시키는 기회 획득에 성공적인 방법을 말해준다. 사이코그래픽스는 소비자 활동(그들이 어떻게 시간을 보내는가), 관심(무엇이 그들에게 중요한가), 견해(그들의 세계관)와 소비자행동에 직접적인 관련이 있는 몇 가지 기본적인 특징(연령, 소득, 거주지, 가족생애단계 등)들을 말해준다.

또한 사이코그래픽 세분화는 유사한 동기·가치관과 태도를 가진 집단들을 확인시켜주기 때문에 마케터들이 그런 동기·가치관과 태도를 고려하여 상품 형태, 가격결정, 유통과 촉진에 대한 의사결정을 할 수 있다. 마케터들은 그에 따라 표적시장의 욕구를 인지하여 충족시킬 수 있고, 소비선호에 대응할 수 있다.

(3) 사이코그래픽 세분화에 따른 유형

시장세분화의 기초로 사이코그래픽스를 이용하는 관광과 환대 분야에서 가장 잘 알려진 조사는 아마도 Plog(1972)의 조사일 것이다. Plog에 의해 개발된 원래의 여행목적지 선호모델은 사람들이 사이코그래픽 특성에 기초해서 어떤 유형의 목적지를 그들이 선호하는가를 설명하기 위해 설계되었다.

1974년 Plog는 'centrism(개인의 초점이나 관심을 뜻함)'이라 불리는 개성을 기술하고 여행인구는 폐쇄심리형과 분산심리형이라는 양극연속체에 따라 분류될 수 있음을 제시했다. Plog에 따르면, 대부분의 사람들은 준분산심리형(near-allocentrics), 중간형(mid-centrics), 혹은 준폐쇄심리형(near-psychocentrics)에 속한다고 한다.

그 외에도 여러 학자들이 사이코그래픽 세분화를 실시했는데, 그 내용들을 표로 나타내면 〈표 6-2〉와 같다.

〈표 6-2〉 사이코그래픽 세분화 연구

연구자	사이코그래픽 세분
Ziff(1971)	•자신에게 관용적(self-indulgents) •만족형(contented cows) •호전형(worners) •외향적인 낙천형(outgoing optimists) •경계형(conscientious vigilantes) •무관심형(apatheic indifferents)
Plog(1974)	•분산심리형(allocentrics) •준분산심리형(near-allocentrics) •중간형(mid-centrics) •준폐쇄심리형(near-psychocentrics) •폐쇄심리형(psychocentrics)
SRI(1978) VALS	•최저생활계층(suvivor) •생계유지계층(sustamer) •소속지향계층(belongers) •도전지향계층(emulators) •성취지향계층(achievers) •자의식 지향계층(I-am-me) •몰입지향계층(experiental) •자아확신계층(societally concious) •전인계층(integrated)
VALS 2(1989)	•활동형(Actualizers) •실행형(fullfilleds) •신봉형(believers) •성취형(achievers) •노력형(strugglers) •경험형(experiencers) •제조형(makers) •분투형(strivers)
Lastovicka와 Bonfiled(1979)	•확신주의-자기확신형(positivism-self-confidence) •자유주의-세계주의(liberalism-comopolitanism) •불만형(frustration) 가족지향주의(home-family orientation) •지역사회참여형(community involvement)
Goldberg(1981)	•건강중시형(health concerned) •계속 먹어대는 유형(constant feeder) •독자적인 사상을 가진 지도자(independent leader) •세계주의자(cosmopolitan sophisticates) •사회적 책임 중시형(social responsibility) •보수주의자(conservatives) •쾌락모험형(swingers) •상습적인 음주자(drinkers) •수동적인 스포츠 선호형(passive sports enthusiasts) •옥외활동선호형(outdoors enthusiasts)

연구자	사이코그래픽 세분
New Tourism Commision(1984)	•신생열광자(new enthusiasts) •낭비형(big spenders) •가정체류형(stay at home) •헌신적인 오스트레일리아인(dedicated aussies) •반관광자(anti tourist) •신생탐닉자(new indulgers)
Mazanec(1984)	•변덕스러운 안락추구자(versatile comfort seeker) •물과 태양이 있는 곳을 선호하는 유형(water and sun lover) •도보관광객(walking tourists)
Perrault 외(1977)	•예산을 세우는 유형(budgeters) •중간형(moderates) •집에 있기를 좋아하는 유형(home bodies) •모험형(adventurers) •휴가관광객(vacationers)
Gladwell(1990)	•박식한 여행자(knowledgeable travelers) •여행기획가(travel planners) •비용의식 여행자(budget-conscious travelers)

※ 자료원 : Khan · Olsen · Var(1993), *Van's Encyclopedia of Hospitality and Tourism*, Van Nostrand Reinhold, p.905.

〈표 6-3〉 심리도에 의한 성격형태에 따른 여행특징

사고중심형(psychocentrics)	행동중심형(allocentrics)
이미 알고 있는 여행지 선호	일반관광객이 잘 가지 않는 지역 선호
여행지에서 평범한 활동	새로운 경험을 발견하려는 느낌
휴식 선호, 태양과 즐거움이 있는 곳 선호	색다르고 처음 가보는 곳 선호
낮은 활동 수준	높은 활동 수준
자동차 여행 선호	비행기 여행 선호
대형호텔, 가족식당, 관광상점 선호	호텔 · 식당 등 훌륭한 시설 불필요
가족적 분위기, 가족오락 선호	다른 문화권 사람들과 유대관계 선호
패키지 여행 선호	수송 및 호텔만 포함한 개인 자유여행 선호

〈표 6-3〉은 심리도에 의한 성격형태에 따른 여행특징을 나타낸 것이다. 여기에서 사고중심형(psychocentrics)과 행동중심형(allocentrics)에 따라서 인간의 여행형태가 매우 다르다는 것을 알 수 있다.

사고중심형 성격은 자기 생활에 있어서 예견에 대한 강한 욕구를 가지고 있다. 따라서 여기에 속하는 사람은 직접 운전하여 갈 수 있는 잘 아는 곳으로 여행하는 것이 보통이다. 또한 수동적 성격의 특징인 휴식과 긴장 완화가 여행욕구로서는 가장 강하게 작용한다.

행동중심형 성격은 자기 생활에 있어 비예측성에 대한 강한 욕구를 가지고 있다. 이런 사람은 멀리 떨어져 있고 덜 알려진 곳을 좋아한다. 여행지에 비행기를 타고 가기를 원한다. 또한 매우 활동적이며 외국을 방문하여 자기와는 다른 문화적 배경을 가진 사람들과 만나고 싶어한다. 이런 종류의 휴가여행은 예측할 수 없고 복잡한 것을 기본으로 한다. 항상 새로운 경험을 하며 예측성과 동일성에서 탈피하고자 노력한다.

[그림 6-2]는 사고중심형 및 행동중심형 성격이 휴가지 선택에 미치는 영향이 나와 있다. [그림 6-2]를 보면 완전한 사고중심적 성격과 완전한 행동중심적 성격에 속하는 사람은 매우 적다는 것을 알 수 있다. 이 양극단 사이에 3가지의 중간범주가 있는데 이것은 극단적인 성격에 속하지는 않는다.

또한 시간이 지남에 따라 [그림 6-2]의 왼쪽에 있는 도시에서 오른쪽에 있는 도시로 이동하게 된다. 그 이유는 사람들이나 여행목적지는 변화하고 이동하게 된다. 시간이 지남에 따라 많은 관광객을 끌어들여 성공한 관광지도 있을 것이다. 처음에는 행동중심적인 사람들만이 잘 알려지지 않은 곳에 매력을 느낀다. 그 후 그 관광지가 널리 알려지게 되고 사고중심형 사람들도 오게 되고, 그 숫자가 늘어나게 되면 이제 그곳은 대중화될 수밖에 없다.

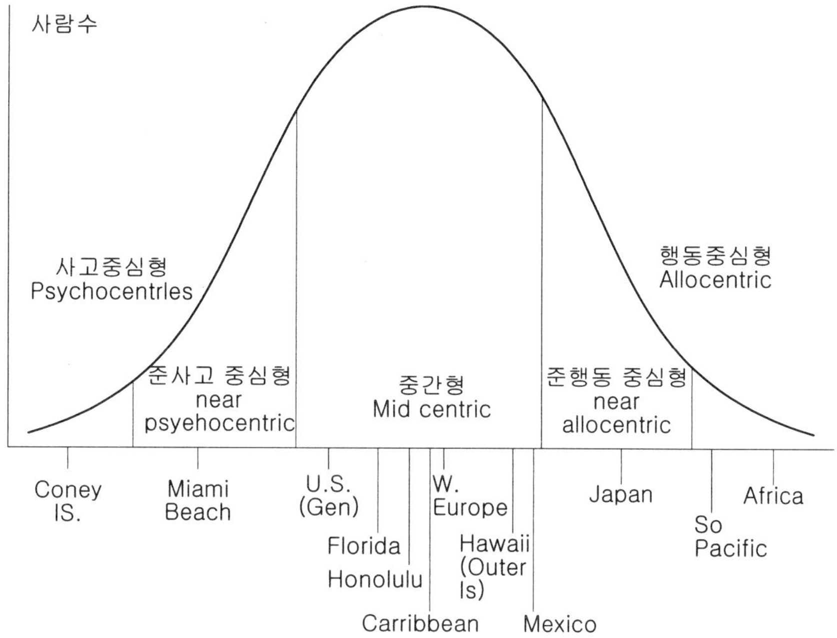

[그림 6-2] 사고중심형-행동중심형의 측정 및 패턴

DEPENDABLE	NEAR-DEPENDABLE	CENTRIC-DEPENDABLE	CENTRIC-VENTURER	NEAR-VENTURER	VENTURER
·Branson ·Atlantic City ·Myrtle Beach ·Orlando ·beach resorts ·Indian casinos	·Hollywood ·Las Vegas ·theme parks ·Honolulu ·Florida ·the Dakotas ·Ohio ·Kansas ·Mexico(border) ·Caribbean cruises ·escorted tours (U.S and Europe)	·Alaska cruises ·U.S. Parks ·Illinois ·Washington, D.C. ·the Carolinas ·Michigan ·Chicago ·Georgia ·Kentucky ·Hilton Head ·Philadelphia ·Los Angeles ·Caribbean(most) ·Ontario ·London ·Rome ·Israel ·Italy	·New Mexico ·Arizona ·New England ·Hawaii(outer is.) ·Washington State ·Oregon ·Colorado ·Wyoming ·Montana ·San Francisco ·New York City ·Quebec ·Bermuda ·Brazil ·Mexico(interior) ·Hong Kong ·England (countryside) ·Scandinavia ·Paris	·Russia ·Tahiti ·New Zealand ·China(big cities) ·Poland ·Costa Rica ·Egypt ·Jordan ·Thailand ·Australia ·Ireland ·Scotland ·Kenya ·Africa ·expedition travel	·Alaskan ·wilderness ·Guam ·Fiji ·hard adventure ·travel ·Vietnam ·Antarctica ·Amazon ·China(interior) ·Tibet ·Nepal

[그림 6-3] 새로운 사이코그래픽스 관광지

Case 6 SIT 상품개발을 위한 시장세분화 연구

사이코그래픽 특성요인 : 활동형 · 탐구형 · 안정형 · 계획형 · 모험형 · 절약형 · 독립형 · 휴식형으로 구분

→ 군집분석을 통해 5가지 집단으로 분류

① 선도적 모험형

남자 우세, 국외여행 패키지 이용자가 많고, 20～23세, 학생

② 안정적 계획형

여자 우세, 국외여행 패키지 이용자가 적고, 32～35세, 주부, 사무관리직

③ 자기중심적 탐구형

남성, 국외여행 패키지 경험이 없고, 연령은 고루 분포, 공무원/행정직

④ 합리적 활동형

여성, 국외여행 패키지 경험 유무자 절반씩, 24～27세, 36～39세, 사무관리직

⑤ 적극적 휴식형

여성, 36～39세, 공무원 · 행정직, 서비스 · 판매직

※ 자료원 : 박준희(2001), "SIT 상품개발을 위한 시장세분화 연구", ≪관광경영학연구≫, vol.12

〈표 6-4〉 사이코그래픽스 설문지

문 항	전혀 그렇지 않다	그렇지 않다	그저 그렇다	그렇다	매우 그렇다
여행을 떠나기 전에 자세한 계획을 세운다.					
관광지의 주민과 장소에 관해 가능한 한 많은 것을 배우려고 한다.					
주로 여행사를 통해 예약을 한다.					
다른 관광자들이 많이 모이지 않는 관광지로 간다.					
직접 운전하여 관광지로 간다.					
숙박업소에 미리 예약을 직접 한다.					
낯선 곳보다는 익숙한 관광지에 간다.					
새로운 경험을 하기 좋아한다.					
매우 활동적인 것을 선호한다.					
나와 아주 다른 새로운 사람들을 만나는 것을 좋아한다.					
상업적인 관광지를 방문하기를 좋아한다.					
색다른 관광지를 방문하기를 좋아한다.					
이국적인 분위기(언어 · 음식 · 문화)를 경험하기를 좋아한다.					
일정이 꽉 짜여진 여행을 좋아한다.					
패키지 상품(숙박과 관광일정을 포함)을 선호한다.					

• 계산방법

75점 만점이고 계산된 총합이 15-42점은 psycho-centric 그룹, 43-51점은 mid-centric 그룹, 52-75점은 allo-centric 그룹으로 구분한다.

※ 자료 : Brayley, R.E.(1990), "An Analysis of Destination Attrac- tiveness of The Use of Psychographics and Demographics in Segmentation of The Within-state Tourism Market", Unpublished Doctoral Dissertation, Texas A&M University.

6-5-2 라이프스타일

(1) 라이프스타일의 의미

라이프스타일이란 사람들이 살아가는 방식(a model of living), AIO의 총체이다.

- Activity(행위) : 사람들이 자신의 시간을 어떻게 소비하는가?
- I nterest(관심) : 주위환경에 특별히 중요하게 고려하는 것은 무엇인가?
- Opinion(의견) : 자신과 주위세계에 대한 생각은 무엇인가?

라이프스타일은 개인마다 독특한 삶의 양식이며 소비행동에 영향을 주기도 하고 영향을 받기도 한다.

(2) 라이프스타일 측정

AIO로써 측정을 한다. AIO 항목들은 수십 혹은 수백 개의 진술로 표현하여 응답자에게 제시하고, 응답자로 하여금 그 진술에 대한 동의 정도를 나타내게 함으로써 측정한다.

〈표 6-5〉 라이프스타일 측정 설문지(설문 항목)

항　　　목	전혀 그렇지 않다	그렇지 않다	보통 이다	그렇다	매우 그렇다
나는 창조적인 일을 한다.					
나는 책임감이 있다.					
나는 여러 사람과 대화하기를 좋아한다.					
나는 평소에 친구들과 자주 만난다.					
나는 동창회나 친목회에 적극적이다.					
나는 기쁜 일이 있으면 다른 사람에게 알리고 싶다.					
나는 사전준비를 철저히 하는 편이다.					
나는 제품이나 서비스를 구매할 때 많은 정보를 원한다.					
나는 유행에 민감한 편이다.					
나는 일을 할 때는 확신을 가지고 일한다.					
나는 모험심이 많은 것 같다.					
나는 제품이나 서비스를 구매할 때 모양보다는 성능이나 내용을 보는 경우가 많다.					
나는 주위사람들의 이야기를 잘 듣는 편이다.					
나는 새로운 제품이나 서비스가 나오면 제일 먼저 구입하는 경우가 많다.					
나는 일단 목표를 정하면 최선을 다한다.					
나는 모임에서 중심적인 역할을 하는 편이다.					
나는 TV를 볼 때 연속극을 많이 보는 편이다.					
나는 약속시간을 잘 지킨다.					
나는 제품이나 서비스를 구매할 때 TV광고를 많이 참고한다.					
나는 주위사람들의 어려움을 적극적으로 도와주는 편이다.					
친구가 가진 물건은 나도 가지고 싶다.					
나는 유명상표를 선호한다.					
나는 확실한 예산하에서 지출한다.					
나는 나만의 개성을 추구한다.					
나는 한번 구입한 제품은 오래 사용하는 편이다.					
집안의 중요한 일은 가족회의를 거쳐야 한다.					
나는 안정적인 직업보다는 위험성은 있지만 가능성이 높은 직업을 택하고 싶다.					
나는 새로운 것을 배우려고 노력하는 편이다.					
직장은 생계수단일 뿐이다.					
나는 외모나 스타일을 가꾸는 것이 중요하다.					
나는 할인판매할 때 제품을 많이 구매한다.					
나는 여행을 좋아한다.					
나는 여가시간에 책을 읽거나 음악을 듣는 편이다.					

※ 자료원 : 류현식(2002), 〈이동전화 서비스 시장의 라이프스타일 세분화에 관한 연구〉, 건국대학교 대학원 석사학위논문.

Case 7 패키지 해외여행 상품의 구매행동에 관한 연구

- 라이프스타일 : 외향주의, 성취주의, 전통주의, 개인주의
- 구매행동 유형 : 광고, 안전주의, 실속주의, 충성
- 관광동기 : 새로움, 과시, 소속 · 성취, 탈피

■ 라이프스타일별 구매행동과 관광동기 분석

① 외향 · 성취주의

－안전구매, 충성구매

－풍부한 지식, 성취감 동기

⇒ (전략) 가격이 다소 높더라도 안전감을 강조하는 광고, 풍부한 지식을 습득할 수 있는 방향의 광고

② 개인주의

－실속구매 성향

－소속/성취감, 탈피 동기

⇒ (전략) 가격의 합리성 강조, 이색적 상품으로 유인

③ 전통주의

－광고구매

－과시동기

⇒ (전략) 새로운 상품에 대한 정보 제공, 육체적 활동과 자랑거리가 많은 광고

※ 자료원 : 박정아(2001), 〈패키지 해외상품의 구매행동에 관한 연구 — 대구지역을 중심으로〉, ≪관광학연구≫, 한국관광학회, vol.25, no.1.

Case 8 라이프스타일 유형에 의한 관광객행동 선호도(제천지역)

라이프스타일 유형	행동 특성	선호도
품위지향형	•자선사업 희망 •분위기에 따라 술을 마심 •무사안일주의 배척 •리더자의 희망	서비스 제공 수준
일상불만형	•직장의 이동 희망 •직업의 불만족	경제적 가격 오락 및 유흥시설
신중사교형	•교통규칙의 준수 •동료들과 잘 어울림 •물건구매의 신중성 •스포츠, 여가활동시 돈의 지출 용이	경제적 가격 숙박시설
보수우월형	•여가보다는 일을 우선 •여성의 활동제한 •사회정의 무관심 •정수기 사용의 불인정 •영화검열주의 찬성	서비스 제공 수준 식음료시설
성취활동형	•직무 분야에서 1인자 희망 •최대목표는 성공 •사회적 권위 · 명성이 높은 직장선호 •음식의 양과 시간조절 가능	경제적 가격 오락 및 시설

※ 자료원 : 조문식(2001), 〈제천지역관광객의 관광행동특성연구〉, ≪관광경영학연구≫, vol.9.

■ 성격 테스트 ■

내용에 전혀 해당되지 않는다고 생각하면 0, 어느 정도 해당된다고 생각하면 1, 많이 해당된다고 생각하면 2에 체크하세요.

0	1	2	나는 실수를 했을 때, 실수를 과장하거나 비난받지 않기 위해 변명을 한다.
0	1	2	나는 애인의 생일이나 결혼기념일과 같은 중요한 날들을 잘 기억하지 못한다.
0	1	2	모임에서 부인이나 애인은 무시한 채 다른 사람들, 특히 여자(이성)들에게 잘 보이려고 애쓴다.
0	1	2	나는 상대방을 배려하지 않고 내 방식대로 사랑표현을 한다.
0	1	2	나는 친구를 잘 도와주지만, 애인이나 부인(남편)의 사소한 부탁은 잘 들어주지 않는다.
0	1	2	나는 애인이나 부인(남편)이 자신들에게 무관심하다고 불평하면, 그들이나 그들의 문제에 관심을 가져준다.
0	1	2	나는 어떤 일이든지 내가 하고 싶을 때에만 일을 시작한다.
0	1	2	나는 내 감정을 표현하는 데 어려움을 느낀다.
0	1	2	나는 아버지(여자는 어머니)와 가까워지고 싶지만, 언제나 깊이 없고 딱딱한 대화만 나눈다.
0	1	2	나는 나와 의견이 다른 사람의 말을 잘 듣지 않는다.
0	1	2	나는 화가 나면 남들이 진정하라고 해도 듣지 않고 지나치게 화를 낸다.
0	1	2	나는 애인이나 부인(남편)과의 사이에서 어머니 문제로 불화가 생겼을 때 곤란한 적이 있다.
0	1	2	나는 내 능력에 맞지 않는 직장(학교)을 다니고 있다고 믿지만, 불평·불만을 터뜨리는 것 이외에 별다른 방법을 갖고 있지 않다.
0	1	2	나는 다른 사람들과의 인간관계에서 성실함이나 따스함이 결여되어 있다.
0	1	2	나는 술을 마셨을 때 문제가 있다. 가령 성격이 변하고 발끈하기도 하며, 허풍을 떨고, 지나치게 환락적이 되기도 한다.
0	1	2	나는 어떤 재미있는 장면을 보면, 그 장면을 보기 위해 지나칠 정도로 오랫동안 머문다.
0	1	2	나는 여자가 집안일만 하길 바라는 등 보수적인 태도를 갖고 있다.
0	1	2	나는 설명하기 어려운 막연한 불안을 느끼며, 자신감이 부족하지만, 그런 것들을 누구와 얘기하고 싶지는 않다.
0	1	2	나는 애인이나 부인(남편)이 지나치게 감정적이라고 비난하지만, 시실 그들보다 더 감정적일 때가 많다.
0	1	2	나는 이따금 어린시절로 돌아가고 싶다.
점수합계			점

■ 성격 테스트 분석 결과 ■

성격 테스트는 자아가 얼마나 성숙했는가를 알아보기 위한 테스트로 일명 피터팬 신드롬(PPS) 테스트이다. 정상적인 사람이라면 성장해감에 따라 자신의 역할과 직무를 수행하고, 그에 따른 성취감을 느끼려는 성숙한 자아가 발달하게 된다. 그러나 어떤 사람들은 어린아이같이 자신의 역할을 수행하기를 거부하고, 어른으로서의 책임감을 회피하려는 경향을 나타낸다. 이 테스트는 이러한 성격의 소유자들을 구분해준다.

성숙한 성인(총점0~15점) : 이 범주에 속하는 사람들은 피터팬 신드롬이 없다고 보아도 좋으며, 건강한 심리적·사회적 활동을 할 소지가 많다. 성숙한 자아를 형성하고 있기 때문에 자신의 계발을 위해 노력한다면 보다 충실한 삶을 영위할 수 있을 것이다.

과도기 성인(총점16~30점) : 이 범주에 속하는 사람들은 피터팬 신드롬의 가능성이 위험적이다. 완전한 성인 자아를 형성하지 못했고, 그렇다고 어린이 자아에 머물러 있지도 않는 과도기에 해당한다. 당신이 이 범주에 속한다면 애인, 부모, 직장동료, 학교친구들과의 대인관계에서 나타나는 문제점을 솔직히 인정하고 그 문제점을 개선하도록 노력하라. 지금보다 더 책임감 있게 일 처리를 시도하고 자신감 있는 생활을 통해 독립심을 키워나갈 필요가 있다. 그러면 성숙한 성인자아로 발전할 수 있을 것이다.

위험한 성인(총점31~40점) : 이 범주에 속하는 사람들은 피터팬 신드롬을 가지고 있는 사람들이다. 당신이 만약 이 범주에 속해 있다면 먼저 다시 체크해보라. 지나치게 엄격하게 답하지 말고, 여유 있게 다시 한번 체크해보라. 그래도 이 범주에 속한다면, 당신은 동화 속에 나오는 주인공인 피터팬처럼 어린시절의 추억 속으로 심리여행을 하는 사람이다. 현실을 도피하고 있는 것은 아닌지 자신을 냉철히 분석할 필요가 있다. 자신의 맡은바 역할이 무엇이고, 책임져야 할 일은 무엇이며, 성인으로서 가져야 할 가치관이 무엇인지를 파악하고 자기체험화할 수 있도록 노력해야만 한다. 이러한 자기 노력이 소용이 없다면 전문가와 상의하는 것도 바람직하다.

(자료원 : 박신자(2000), ≪심리학의 이해≫, 형설출판사, pp.334-337)

제 7 장

동기와 관광행동

소비자행동에 관심이 있는 사람이면 누구나 과연 무엇이 소비자의 행동을 지시하고 활성화시키고 있는가에 대해 한번쯤은 관심을 갖게 될 것이다. 이는 마케터의 입장에서도 매우 중요한데, 왜냐하면 마케팅 결정의 대부분은 소비자들에게 영향을 주는 각종 세력에 대한 지식과 가정(假定)에 토대를 두고 있기 때문이다.

그러나 소비자들의 행동이 언제나 똑같은 형태로 나타나는 것은 아니다. 여가시간을 활용하는 방법에 있어서도 어떤 때는 집에서 TV를 보며 휴식을 취하기도 하고, 어떤 때는 야외로 여행을 떠나는 등 다양한 여가활동을 보낸다.

이와 같이 객관적으로 나타난 행동이 다르다고 해서 그들 행동의 근본인 동인(動因)까지도 전혀 다르다고 보아서는 안 될 것이다. 사실 그들 행동의 배후에는 분명히 어떤 유사한 동인이 작용하고 있으며, 바로 그러한 동인의 유사성으로 인해 우리는 소비자들의 행동을 설명하고 예측할 수 있게 되는 것이다.

7-1 동기의 정의

동기가 어떤 것인가를 이해하기 위해서는 그것과 관련된 욕구도 함께 알아보아야 한다. 그리하여 여기서는 동기·욕구·욕구와 동기의 관련성을 포괄해서 검토해보겠나.

많은 학자들은 동기(motive)와 여타의 유사한 개념(욕구·필요·충동)을 구분하여 사용하여 왔으나, 대체로 동기(motivation)를 "행동을 강요하는 개인 내부의 추동세력(driving force)" 또는 "신체적 에너지를 활성화시켜 그것을 흔히 외부환경에 내재하는 목표를 달성하도록 지시하는 내적 상태(inner state)"라고 정의하여 유사한 의미로 사용하기도 한다.

즉 갈증이 날 때 음료수를 마신다거나, 머리가 아플 때 진통제를 먹는 행동 등이 동기에 의해서 행동되는 것이라 할 수 있다.

동기의 어원은 라틴어의 'Mvere(움직인다)'에서 유래되었고, 행동주의적 이론에서는 동인(動因 : drive)라는 용어를 주로 사용하고 있고, 정신분석 이론에서는 본능(instinct), 인지적 이론에서는 요구(needs)를 사용하는 등 각기 다양한 용어들로 설명되고 있으나 일반적으로 동기(motivation)로 설명되고 있다.

동기는 소비자행동의 활력을 제공해준다. 특정 목적을 달성하기 위하여 기울이는 노력의 정도는 사람마다 다르며, 같은 사람도 목적에 따라 다르다. 이와 같이 특정의 목적을 달성하기 위하여 사용되는 에너지의 양의 차이는 동기에 의해서 설명될 수 있다.

7-2 동기의 종류

무수한 종류의 동기가 발생하고 있으나 크게 보아 단순분류법과 포괄적 분류법으로 나룰 수 있다.

(1) 단순분류법

1) 심리적 동기와 생리적 동기

- 심리적 동기 : 학습된 것. 성취 · 친교 · 신분 등에 대한 욕망과 같다.
- 생리적 동기 : 원초적인 것

2) 일차적 동기와 선택적 동기

동기가 구매결정에 어떻게 영향을 주느냐에 따른 구별

- 일차적 동기 : 제품 범주 내에서 구매행동을 유발시킴
- 선택적 동기 : 그 제품 범주 내에서 상표나 모델을 선택하는 것

3) 의식적 동기와 무의식적 동기

소비자의 인지여부에 따른 분류

4) 긍정적 동기와 부정적 동기

동기가 소비자에게 어떤 영향을 미치느냐에 따른 분류

- 긍정적 동기 : 소비자들을 추구하는 목표로 이끌어줌
- 부정적 동기 : 바람직하지 못한 결과로부터 소비자들을 멀리하게 함

(2) 포괄적 분류법

단순분류법은 단지 한 가지 기준만을 적용하므로 행동의 요인을 정확히 설명할 수 없기 때문에 나온 것으로 주로 Mcguire의 분류법이 많이 이용된다.

아래의 16개 동기는 상호 배타적인 관계보다는 서로 복합적으로 소비자에게 영향을 준다는 이론이다. 여기에서 제시된 여러 동기를 이해함으로써 관광객행동을 보다 정확히 예측하고 설명하는 데 도움이 될 것이다.

1) 일관성

일관성(consistency)이란 세계를 하나의 응집되고 있고 조직되어 있는 것으로 보려는 동기이다.

2) 귀 인

귀인(attribution)이란 개인이 그의 환경에서 발생하는 사건의 원인을 알려고 하는 동기이다.

3) 범주화

범주화(categorization)란 복잡한 정보를 보다 조직적이고 다루기 쉬운 몇 개의 부류로 분류하려는 것이다.

4) 객관화

객관화(objectification)란 자신의 가치나 태도에 대해 결론을 내림에 있어 내적 영상(internal reflection)이 아니라 '객관적인' 외적 정보를 이용하려는 경향을 말한다.

5) 자 율

자율(autonomy)이란 소비자들이 자기성취와 독특한 주체성의 발전을 통해 개인적 성장과 개성을 추구하는 경향을 말한다.

6) 탐 구

탐구(exploration)란 소비자들의 복잡한 환경을 단순화하려고 많은 노력을 기울이기도 하지만 때에 따라서는 반대로 고도의 자극을 추구할 경우를 말한다.

7) 조 화

조화(matching)란 이상적 상황의 정신적 이미지(mental image)를 개발해놓고는 정규적으로 현존상황에 대한 그들의 지각과 이들 이상적인 정신적 이미지를 서로 조화시키려는 동기를 지니고 있다고 한다.

8) 실용성

실용성(utilitarian)이란 외적 환경을 가치 있는 정보소스이며 생활의 문제를 해결하는 데 필요한 적절한 기술을 제공하는 원천으로 보려고 하는 동기이다.

9) 긴장완화

긴장완화(tension reduction)란 소비자들이 그것을 만족시키지 못할 때는 긴장을 완화시키려는 욕구를 지니게 되는 것으로 보는 곳이다.

10) 자아표현

자아표현(self-expression)이란 자신의 주체성을 투사시키려는 욕구를 말한다.

11) 자아방어

자아방어(ego-defense)란 자아에 위협이 되는 상황으로부터 자아를 방어하려는 동기를 말한다.

12) 강 화

강화(reinforcement)란 과거에 보상적 상황(rewarding situations)을 가져왔던 바로 그러한 방식으로 행동하려는 경향을 말한다.

13) 단 언

단언(assertion)이란 소비자들의 경쟁·권력·성공과 같은 것에 대한 욕망을 자극하는 역할을 하는 동기이다.

14) 친 교

친교(affiliation)란 다른 사람들과의 승인·애정·온화한 관계를 추구하는 동기이다.

15) 동일시

동일시(identification)란 사람들은 자신들의 자아개념(self-concept)을 증진시켜주는 새로운 정체성이나 역할을 발전시킴으로써 만족을 느끼게 하는데 이를 동일시 동기라고 한다.

16) 모델링

모델링(modeling)이란 사람들은 흔히 다른 사람들과 동일시하고 그들과의 관계를 강조하려는 경향이 있는데, 이는 곧 그들 행동을 모방하려는 행동을 가져오게 한다.

7-3 동기의 특성

동기는 다음과 같은 특성이 있는 것으로 알려져 있다.

1) 동기의 승화(昇華)

매슬로우(Maslow)의 욕구단계이론은 하위욕구가 만족되면 상위욕구로 발전된다는 것이다.

2) 동기의 연결

동기는 저동기와 고동기가 서로 연결되는 경우가 많다.

3) 동기의 결합과 갈등

동기의 결합은 연결과는 달리 동일 수준의 여러 가지 동기가 영향을 주는 것이다. 또한 동기는 복합적이거나 연결적 특성을 가진 반면, 서로 다른 동기들끼리 갈등을 일으키는 경우도 있다.

7-4 관광욕구

다나카 기이치(田中喜一)는 관광의 결정요인 분석에서 관광욕구를 관광자원・관광매체와 함께 내생적 요인으로, 정치・경제・사회적 요인을 외생적 요인으로 설명하였다. 내생적 요인이란, 관광사업의 기초를 이루면서 관광사업의 발전에 직접적인 영향을 미치는 것을 말한다. 관광욕구는 역농적 작용으로서 관광자원이 갖는 매력과 상호관계를 갖는다. 그리고 양자의 결합을 위해서 관광매체가 존재하고 있는 것이다.

이와 같은 관광욕구의 성격은 다음과 같다.

첫째, 실제상태와 추구하고자 하는 상태와의 차이가 클수록 관광욕구는 강렬하다.

둘째, 관광욕구를 충족시키는 방법에 있어서도 어떤 선호패턴을 가지고 있다.

셋째, 일단 어느 욕구가 충족된다 하더라고 새롭고 보다 높은 수준의 욕구가 다시 등장하게 된다. 즉 관광욕구는 꾸준히 변화한다.

넷째, 대개의 잠재 관광자들은 어느 한 시점에서 여러 가지 욕구를 동시에 지니고 있을 가능성이 높으며, 그들의 욕구가 어떠한 것이냐 하는 것은 개인에 따라 차이가 있다.

매슬로우의 욕구 5단계설에 관한 논의 없이는 관광욕구를 이해하기 어렵다. 매슬로우는 인간의 욕구를 생리적 욕구, 안정의 욕구, 귀속의 욕구, 자존의 욕구, 자아실현의 욕구의 5단계로 구분하여 생리적인 욕구에서 시작하여 자아실현에 이르기까지 저차원에서 고차원 욕구로 이어지게 되는데 저차원의 욕구가 만족되면, 다음 단계가 나타나고 또 이 욕구가 충족됨으로써 보다 고차원의 욕구가 생긴다고 주장함으로써 최종적으로 자아실현의 욕구로 진행된다고 하였다.

그리고 Lundberg는 매슬로우의 욕구 5단계에 변화 및 오락욕구를 추가시키고 있고, 그리고 Gold는 자아실현욕구와 자존욕구 사이에 창조 및 심미욕구를 추가시키고 있다.

관광은 인간의 기본적인 욕구가 해결된 다음의 문제인 것이 보통이므로(매슬로우의 욕구 5단계설) 저몰입 수준의 구매행동은 일어날 가능성이 희박하다. 따라서 사회계층·가족·문화집단 등의 영향력이 매우 크며, 이를 적절히 이용한 마케팅이 필요하다.

그리고 Iso-Ahola는 여가행동의 가장 밑바탕이 되는 것은 인간의 생물적 기질과 사회화, 그리고 성격이라고 하였다. 이를 바탕으로 최적각성과 그에 따른 불일치, 즉 개인들은 상이한 수준의 자극을 추구하게 되는 동안은 지나친 자극은 회피하고 정신적으로 지쳐 있기 때문에 실증·단조로움을 피하려는 그 시점에 여가욕구가 발생한다는 것을 주장하고 있다.

특히 여가욕구 발생의 전 단계는 개인이 주관적으로 느끼는 해방감과 적성이며, 이 역시 그 개인이 놓여 있는 상황적 및 사회적 환경에 의해 영향을 받는다. 그리고 최적각성과 불일치에 대한 욕구 정도는 여가욕구와 여가행동을 결정짓는 인과관계를 형성하게 된다고 하였다.

여가욕구의 성질에 관한 그의 견해는 여가욕구는 정적이고 안정적인 것으로 봐서도 안 되고 항상 질적 변화를 추구하며, 개인의 삶의 폭과 장소 그리고 시간에 따라서도 변화하며, 개인의 사전욕구는 물론 사후욕구까지도 고려해야 하며, 안정적 욕구에 반대되는 즉흥적·자발적인 성질도 있다는 것이다.

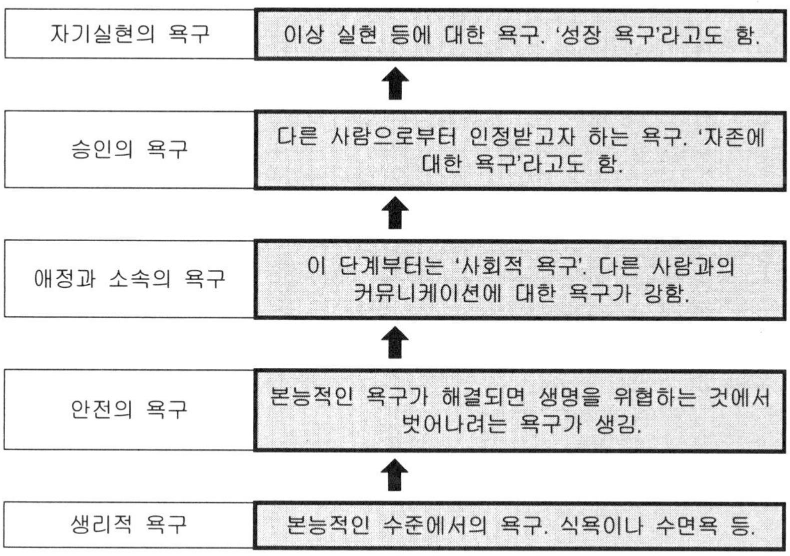

[그림 7-1] 매슬로우의 욕구 5단계

〈표 7-1〉 관광욕구에 대한 국내외 연구사례

연 구 자	연 구 대 상	속 성
田中喜一 (1950)	관광의 결정요인 분석	•심정적 욕구 : 사향심, 교류심, 신앙심 •정신적 욕구 : 지식욕구, 견문욕구, 환락요구 •신체적 욕구 : 치료욕구, 보양욕구, 운동욕구 •경제적 욕구 : 구매목적, 상용목적
Maslow (1954)	관광욕구 5단계	•생리적 욕구, 안정의 욕구, 귀속의 욕구, 자존의 욕구, 자아실현의 욕구
Lundberg (1974)	관광욕구 단계	•생리적 욕구, 안정의 욕구, 귀속의 욕구, 자존의 욕구, 자아실현의 욕구, 변화 및 오락욕구
Gold (1980)	관광욕구 단계	•생리적 욕구, 안정의 욕구, 귀속의 욕구, 자존의 욕구, 창조 및 심미욕구, 자기실현의 욕구
Iso-Ahola (1982)	내적 동기 · 최적각성모형	•생물적 기질(초기 사회화와 성격요인), 최적각성과 불일치에 대한 욕구, 지각된 해방감과 적성, 여가욕구

※ 자료원 : 저자 정리

7-5 관광동기

(1) 관광동기의 개념

관광동기는 관광행동을 일으키게 하는 중요한 요인으로서 인간이 관광을 통해서 만족을 얻고자 할 때 일어난다. 실제적으로 관광동기는 심리적 · 사회적 요소에 근거하고 있기 때문에 그것을 어떤 척도에 기준하여 총체적으로 추출해내기는 어려운 작업이다.

따라서 이러한 관광동기가 되는 요인은 매우 다양하며, 그 범위도 자극과 흥분을 추구하는 것으로부터 자기개발, 개인의 성장에 이르기까지

폭이 넓다. 관광자의 관광동기 연구를 최초로 시도한 학자는 Glücksmann인데, 그는 1935년에 펴낸 ≪일반관광론≫이라는 그의 저서에서 관광 원인을 인간과 장소로 크게 구분하고, 인간측면에서 여행자 측과 목적지의 입장에서 관념적·물질적으로 각각 구분하고 있다.

배경, 즉 관광동기를 글릭스만은 기반이라고 표기하였는데 관념적 기반으로는 심적·정신적으로 구분하였고, 물질적 기반으로는 육체적·경제적으로 나누었다.

한편 Hudman과 Hawkins는 관광동기를 푸시(push) 및 풀(pull) 개념과 관계 있는 것으로 인식하였다. 푸시 요소는 사회심리적인 요인들을 뜻하며, 이 요인들이 잠재 관광여행자들을 동기부여시킬 뿐만 아니라 특정지역의 관광자원들이 가지고 있는 매력성 정도, 즉 풀에도 영향을 미치게 된다.

지금까지 대부분의 관광동기 연구에서는 풀의 측면에 관심을 두어왔다. 그러나 이제는 이 두 가지 요인들을 동시에 그 연구의 대상으로 삼아야 할 것이다. 왜냐하면 지금까지는 관광주체인 관광자의 대외적인 환경을 무시한 채 관광산업 내지 관광자원인 관광객체만을 그 연구대상으로 삼아온 것과는 대조적으로 소비자행동 연구에서는 오래 전부터 소비주체인 소비자의 내외적 자극을 이해하려는 데서 비롯된다.

여행의 동기부여 인자들로는 건강, 호기심, 스포츠, 즐거움, 정신적 혹은 종교적, 직업 및 사업, 친구·친척 방문, 뿌리확인, 자존으로 크게 구분하고, 이들 각각의 하위요소를 제시하고 있다. 또한 관광동기는 자기실현의 욕구라 할 수 있고 관광자의 대부분은 이러한 고차원의 자아실현의 욕구를 추구할 수 있으며, 이것은 알려고 하는 욕구의 두 가지 기본적 지적 욕구를 나타내고 있다. 관광은 이러한 심리적·지적 동기의 관점으로 해석할 수 있다.

Crompton은 동기를 모든 관광자들이 그들의 욕구를 충족하기 위한 개인적 욕망과 충동이라고 정의하였다.

관광은 개인의 내면적 및 심리적 여건과 외부적 여건과 사회적 제약하에서 자신의 욕구가 만족될 것을 예상할 때 비로소 이루어질 수 있다. 따라서 관광동기는 사람이 관광행동을 유발하는 자극으로서 실제 행동의 요인이 될 수 있는 여러 가지 힘 또는 관광행동을 지배하는 궁극적인 충동력이라 정의할 수 있다.

(2) 관광동기의 유형

1) 밀의 관광동기

밀(Mill)은 관광동기에 대하여 매슬로우의 욕구 5단계설과 자신이 주장한 지식추구 동기에 근거하여 관광동기를 7가지로 나누어 설명하고, 각 동기별 요인들을 다른 학자들이 제시한 동기로 재구성하여 관광욕구・동기・동기요인간의 관계에 대하여 〈표 7-2〉와 같이 정리하였다. 이 분류체계는 역시 단순히 해당단계에 속하리라 예상되는 동기요인들을 종합한 것에 불과하다.

그러므로 이 분류체계 역시 검증을 거쳐 정교화해야 할 과제를 안고 있다. 그러나 제6단계, 제7단계의 지적 동기와 미적 동기를 최고의 단계에 두고 있다는 것은 새로운 시각으로 볼 수 있다.

2) 토마스의 관광동기

토마스(Thomas)는 〈표 7-3〉에서처럼 관광동기를 교육과 문화・휴양・오락・망향, 그리고 기타로 나누었다.

〈표 7-2〉 관광욕구 · 동기 · 동기요인간의 관계

욕 구	동 기	동기요인
생리적 욕구	휴식	탈출, 휴식, 긴장해소, 햇빛추구
안정의 욕구	안전	건강, 위락, 활동성, 건강 유지
귀속욕구	사랑	가족동반, 가족관계 향상, 우정, 친교, 사교촉진, 인간관계 형성, 고향찾기, 친지, 동족방문, 가족애 표현
자존욕구	성취 능력, 신분	성취능력 확인, 자기위치 과시, 명예감, 사회적 인정, 자아확대, 자기개발, 직업관리, 신분과 명성
자아실현 욕구	진실성 추구	자아개발 평가, 자기발견, 내적 욕구 충족
학습이해 욕구	지식 추구	문화경험, 교육, 타지역에 대한 관심
심미욕구	미의 이해	환경 · 미화미

※ 자료원 : R.C. Mill, et al.(1995), *The Tourism System*, Englewood Cliffs, Prentice-Hall, p.7.

〈표 7-3〉 토마스의 관광동기 분류

교육과 문화	휴양 · 오락	망 향	기 타
•방문지의 국민이 어떻게 생활하고, 일하고, 놀이하는지를 관찰하는 것 •특별경관 감상 •뉴스대상에 관해 보다 나은 이해 획득 •특별행사에 참가	•일상성으로부터 탈출 •기분전환 •낭만적인 경험 성취	•조상이 태어난 곳 •가족이나 연고지의 방문	•기후 •건강 •스포츠 •경제 •모험 •우월성 과시 (타인의식) •동조 •역사이해 •사회화, 미지의 세계를 알려는 욕망

※ 자료원 : John A. Thomas(1964), "What Makes People Travel", *ASTA Travel News*, pp. 64~65.

3) McIntosh의 관광동기

McIntosh는 여행의 기본동기를 4가지로 구분하였다. 그리고 여행행동에 단 한 가지의 동기만 개입되어 있는 것으로 보기 어렵다고 강조하였다.

① 건강동기

건강동기(physical)란 휴식, 스포츠 참여, 해수욕, 쉬면서 하는 유흥과 건강과 관련되는 것이다.

② 문화적 동기

문화적 동기(cultural)란 다른 고장이나 국가를 여행하여 그 나라의 음악・예술・민속・춤・그림・종교 등 혹은 이와 유사한 문화적 행사를 알고자 하는 것이다.

③ 사회적 동기

사회적 동기(interpersonnal)란 일상생활을 떠나 새로운 사람과 친구, 친척을 만나는 등 가정 및 이웃에서 벗어나고 싶은 마음이나 새로운 친구를 사귀고자 하는 동기이다.

④ 지위향상적 동기

지위향상적 동기(status and prestige)란 개인적 발전, 존경심, 명예욕 등이다.

4) 서태양의 관광동기

① 자연환경 동기군

맑은 공기, 쾌적한 기후, 자연경관, 포근한 분위기 등

② 향토성 동기군

토산품 구입, 위락시설, 토속음식, 주민의 친절한 인심

③ 문화 동기군

새로운 사실 인지, 문화유산 감상, 문화예술행사 참여

④ 건강 동기군

온천욕, 스포츠 등

⑤ 정신 동기군

생활의 반성, 스트레스 해소, 휴식 등

이 연구에서는 실증조사를 통해 동기를 구분하는 통계적 방법으로 동기 항목들을 요인분석해서 요인화된 것들을 기준으로 다시 군집분석을 실시한다. 이로써 응답자를 동일 동기군별로 구분할 수 있다.

■ 요인분석(factor analysis) : 많은 변수의 상호관련성을 소수의 기본적인 요인으로 집약하는 방법의 하나로 전체 변수에 대한 공통적인 요인이 있다고 가정하고 이 요인을 찾아내어 각 변수가 어느 정도 영향을 받고 있는지 그 정도를 산출하기도 하고, 그 집단의 특성이 무엇인지를 기술하려는 통계분석방법

■ 군집분석(cluster analysis) : 많은 개체들을 일정한 속성에 따라 몇 개의 군집으로 분류하여, 같은 군집에 속한 객체들의 유사성과 서로 다른 군집에 속한 객체간의 상이성을 규명하고자 하는 통계분석방법

5) 田中喜一(다나카 기이치)의 동기 분류

① 관념적 : 심정적 동기 — 사향심, 교우심, 신앙심
정신적 동기 — 지식욕구, 견문욕구, 환락욕구

② 신체적 : 신체적 동기 — 치료욕구, 보양, 운동
경제적 동기 — 매물, 사용목적

(3) 관광동기의 활용

① 하나의 동기에 의해서 동기화할 수 없으며, 다양한 동기의 상호작

용으로부터 행동이 일어난다는 것이다. 행동예측을 위한 기준이 된다.

② 행동을 유발시킨 동기를 이해함으로써 개인의 미래행동에 영향을 주거나 적어도 예측된 행동과 부합하는 전략과 정책 수립 가능

③ 동기 조사는 촉진 캠페인이나 신제품 개발의 기초적 아이디어를 얻거나 마케팅 문제를 체계적으로 검토하기 위한 아이디어를 획득하는데 적절하게 활용될 수 있다.

〈표 7-4〉 관광동기에 대한 국내외 연구사례

연 구 자	연구대상	속 성
Glücksman (1935)	관광동기	•관념적 기반 : 심적 · 정신적 •물질적 기반 : 물질적 · 경제적
Thomas(1964)	관광동기	•교육 · 문화, 휴양 · 오락, 망향, 기타
Hudman과 Hawkins (1980)	여행동기 부여인자	•건강 : 신체적 · 정신적 •호기심 : 문화, 정치, 사회 혹은 공중의 특징, 신체적 특징, 재난 •스포츠 : 참가, 사냥 · 낚시, 골프 · 테니스, 팀간 경쟁, 관전, 축구, 야구, 트랙 · 필드, 승마 •즐거움 : 여행, 미술, 음악, 오락, 도박, 신혼 •정신적 혹은 종교적 : 순례, 회합, 종교적 발생지, 역사유적지, 드라마 · 음악 배경지
안종윤(1988)	라이프사이클별 동기	•육체적 피로회복, 안정 및 안정감, 소속감 및 우정, 사회적 지위와 기회 향유, 잠재력 개발과 발전도모
R.C. Mil(1995)	관광동기 7단계	•휴식, 안전, 사랑, 성취능력 · 신분, 진실성 추구, 지식성 추구, 미의 이해

※ 자료원 : 저자 정리

7-6 관광욕구와 동기와의 관계

관광행동을 일으키게 하는 심리적 원동력을 일반적으로 관광욕구라 부르며, 관광욕구를 관광행동으로 나타나게 하는 힘을 관광동기라 한다. 그리고 관광욕구를 동기로 나타내는 과정에는 특정 상황에서 한 개인의 행동을 중개하는 심리적·생리적 과정에 다양한 유형의 동기가 관계되는데, 이러한 동기들이 활성화되는 과정을 모티베이션(motivation)이라 한다.

관광욕구와 동기와의 관계에 대한 선행연구로서는 Mill과 Morrison은 여행동기의 연구에서 "여행동기는 개인이 욕구를 충족하고자 할 때 발생한다"고 하였으며, French, Craig-Smith와 Collier는 "사람들이 욕구를 충족시키고자 할 때 발생하므로, 욕구와 동기 및 행동 간에는 밀접한 관련이 있다"고 하였다.

모티베이션은 다음과 같은 요소에 대한 고려를 포함하는 복합적 개념이다.

첫째, 모티베이션은 사람의 행위를 자극 또는 유발시키는 요소로 이루어진다.

둘째, 모티베이션은 과정지향적이어서 행위의 선택, 방향 및 결과로서의 목표에 관심을 갖는다.

셋째, 모티베이션은 행위가 어떻게 시작·유지·중단되며, 이러한 과정 중에서 사람은 어떤 종류의 주관적 반응을 나타내게 되는가에 관심을 가진다.

넷째, 동기에 의해 모티베이트된 행동은 뚜렷한 동기가 없는 행동에 비해 더 지속적이고 활발하며 목표지향적 특징을 나타낸다.

따라서 욕구(need)에 의해 욕망(want)이 생기고, 욕구가 발전해서 동기가 되며, 동기가 모티베이션을 통해 행동으로 나타나게 된다.

관광행동을 일으키는 관광자 측의 원인을 밝히는 것은 관광에 대한 체계화가 시도된 단계에서부터 관광욕구와 동기를 분류하는 연구가 필요하다는 이유에서 행하여졌다.

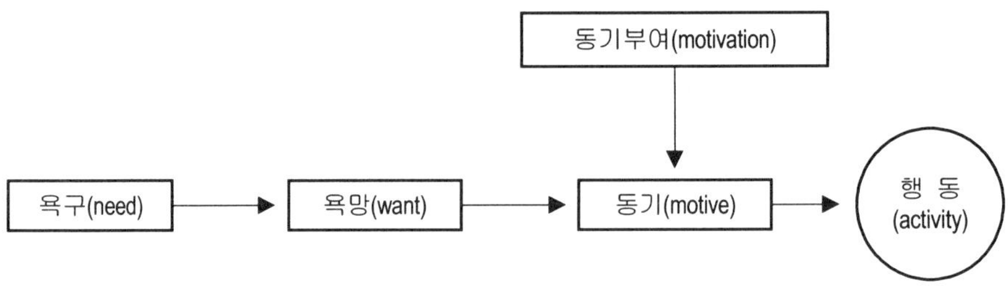

[그림 7-2] 여가행동 심리과정

※ 자료원: A.D. Szilgy, Jr. and M.J. Wallace, Jr.(1983), *Organizional Behavior and Performance*, 3rd ed., Glenview, Ⅲ.: Cott, Foresman and Company, p.80.

동기 요약

- 소비자의 구매동기는 시장에서 일어나는 소비자의 구매행동과 직접적으로 연관이 있다.
- 대부분의 사람들은 자신의 구매동기가 무엇인지 정확히 모르며, 설령 안다고 해도 말하지 않는 경우가 대부분이다.
- 소비자들은 자신의 구매동기를 잘 알면서도 진짜 이유를 말하려 하지 않으려고 한다. 모두들 사회적 규범을 잘 따르고 있는 것처럼 보여서 아무도 자신이 거기서 벗어난다는 사실을 인정하고 싶어 하지 않는 사회심리현상인 '다원적 무지'가 있기 때문이다.
- 소비자의 구매동기는 간접적으로 측정하라. 특히 이 경우 투사법을

사용하면 소비자는 죄의식이나 수치심을 느끼지 않고 자신이 느끼는 것을 있는 그대로 표현할 수 있게 된다.

- 소비자의 구매동기를 이루는 구성요소들
  - 구매동기의 방향
  - 구매동기의 강도
- 똑똑한 마케터는 잠재 소비자들에게 그들이 필요로 하는 니즈를 가르쳐줌으로써 구매동기를 일깨워준다. 상품이나 서비스에 대한 직접적인 경험과 프로모션은 구매동기를 일깨워주는 주요 수단이다.
- 가격을 내리는 것도 잠재 구매자의 구매동기를 강화시킬 수 있지만, 구매자에 대한 인식 가치를 증가시키는 것도 라이벌과의 전면적인 가격정책에 뛰어들지 않고서도 같은 목적을 달성할 수 있는 좋은 방법이다.
- 성공하는 훌륭한 마케팅은 의식의 수면 위와 수면 밑에 있는 구매동기를 모두 촉발시킨다.

※ 자료원 : 로버트 B. 세틀, 파멜라 L. 알렉, ≪소비의 심리학≫, 세종서적, 2003, p.76.

Case 9 청소년층의 여행동기

■ 교육적 동기, 자연적 동기, 사회적 동기, 건강 동기로 구분

① 문화적 동기(탐험심을 키우기 위해, 이국적인 분위기 경험…)
  • 처음 방문하는 곳에 중요시, 정보탐색량이 많다.

② 자연적 동기(자연경관을 접하기 위해, 맑은 공기를 마시기 위해…)
  • 직장인에게 중요시

③ 사회적 동기(등산, 캠핑, 스포츠 활동을 위해, 사교를 위해…)
  • 미혼이나 대학생들에게 중요시

④ 건강 동기(편안히 쉬고 싶어서, 과거 경험과 향수를 느끼기 위해…)
  • 남성이 중요시

※ 자료원 : 김성혁 · 안대희(1998), 〈청소년층의 여행동기에 관한 연구〉, ≪관광연구≫, vol.11.

제 8 장 태도와 관광행동

8-1 태도의 중요성

태도는 어떤 지각대상에 대하여 일관성 있게 호의적 또는 비호의적으로 평가하는 '학습된 선유경향(先有傾向)'이다. 과거의 단일차원 관점에서는 태도가 특정한 대상을 좋아한다부터 싫어한다에 이르는 전반적인 평가척도상의 한 점을 취하는 것으로 간주되어 왔지만 최근의 다차원 관점에서는 소비자가 다수의 속성에 대한 개별적인 지각들을 통합하여 전반적인 평가를 형성하고 행동성향을 결정함으로써 태도를 형성하는 것으로 파악한다.

따라서 다차원 관점에서의 태도는 각 속성에 대한 신념인 인지적 요소, 그러한 신념들이 자신의 욕구기준에 대해 야기시키는 감정적 반응들을 종합한 감정적 요소, 그에 따라 반응할 준비상태인 행동적 요소 등 세 가지 요소로 구성된다.

태도는 마케팅 분야에서 유용하게 사용되고 있는데, 주로 새로운 제품개발, 기존제품의 재포지셔닝(repositioning), 광고캠페인의 창안, 소비자 구매행동 및 상표충성도를 예측하는 근거 제공 등에 이용되고 있다. 마케터에 있어서 소비자의 태도가 어떻게 형성되고, 그것이 소비자에게 미치는 영향을 이해하는 것은 마케팅 전략수립을 위해서는 중요한 요건이다.

8-2 태도의 정의

태도란 개인이 어떤 대상(상품·상표)에 대해 호의적·비호의적으로 기울고 있는지의 여부를 반영하는 '내적인 느낌의 표현'이다.

☞ 대상에 대한 느낌이나 평가적 반응을 보이는 것이다.
(긍정적 · 부정적 · 호의적 · 비호의적 · 찬성적 · 반대적 태도)

☞ 한 대상이나 대상들에 대해 일관성 있게 호의적 · 비호의적으로 반응하려는 '학습된 경향'

☞ 개인세계의 어떤 측면에 대한 동기적 · 정서적 · 지각적 · 인식적 과정의 지속적 조직 : 인식적(지식적) 요인, 감정적(감동적) 요인, 능동적(행동적) 요인으로 구성되어 있다.

☞ 다차원론 태도론
"개인이 그 대상의 제측면에 대해 지니고 있는 제반 신념의 강도와 그가 그 대상과 관련하여 각 신념에 부여한 평가의 함수이다."
상표 A가 싫다 → 좋다에 이르는 전반적 감정적 반응
(단일차원적 개념)
수개의 차원상에서 판단(다차원적 개념) → 다수의 평가 속성 평가

8-3 태도의 특성

태도의 특성을 살펴보면 첫째, 태도는 대상을 필요로 하는데 태도대상은 제품과 서비스는 물론이고 소비자보호운동과 같이 추상적인 개념이나 제품구매와 같은 행위도 포괄한다.

둘째, 태도는 방향(方向, 대상에 대하여 호의적인가 또는 비호의적인가?), 정도(程度, 대상을 얼마나 좋아하거나 싫어하는가?), 강도(强度, 대상에 대한 태도진술을 얼마나 확신하고 있는가?) 등의 세 가지 측면을 가진다.

셋째, 한 개인이 여러 대상에 대하여 갖고 있는 태도들은 그의 개체 및 자아 이미지를 중심으로 하여 구심점을 가지며, 구심성이 큰 태도(중

심적 태도)는 그렇지 못한 주변적 태도에 비해 의사결정에 많은 영향을 미친다.

넷째, 한 개인이 현재 갖고 있는 태도들은 서로 관련되어 있기 때문에 그들간에는 어느 정도의 공존성이 있어야 하며 "전체로서 일관성을 갖는 안정적인 구조"를 이루고 있다.

다섯째, 태도는 학습된다. 즉 태도들은 가족과 동료집단·친구나 판매원·뉴스매체로부터의 정보의 개인적 경험, 퍼스낼리티 등으로부터 영향을 받으며 학습된다.

8-4 태도의 역할

일반적으로 태도는 사람들이 그들 자신에 대해 가지는 이미지를 보호·확대하고자 하는 욕구를 충족시킨다. 즉 욕구가 만족시키는 것으로 지각된 대상에 대해서는 긍정적인 태도를, 위협적이거나 바람직하지 못한 것으로 지각된 대상에 대해서는 부정적인 태도를 형성·강화시킨다는 것이다. 태도의 역할을 크게 네 가지로 나룰 수 있다.

① 조정기능 혹은 적응기능

기쁨을 주고 보상이 되는 대상은 가까이 하고 바람직하지 못한 대상에 대해서는 멀리하도록 하는 것이다.

② 자아방어기능

자아나 자기이미지를 위협으로부터 보호하도록 한다.

③ 가치표현적 기능

태도는 자기중심된 가치를 표현한다.

④ 지적 기능

인간은 위계가 있고 질서 있는 사고에 대한 욕구를 가지고 있어서 일관성, 안정성, 명확성, 올바른 이해를 얻고자 한다.

8-5 태도평가 모델

(1) 단일 및 3요소 모델

단일요소 모델(single-component attitude model)은 태도의 감정요소나 느낌요소를 태도 그 자체로 보는 개념이다. 이 이론에 의하면 각 상표에 대한 소비자의 태도는 각 상표가 지닌 상대적 이점에 대한 그의 전체적 평가와 동일하다는 것이다. 그런데 이 단일요소 모델은 소비자의 평가에 영향을 주는 것이 무엇인지에 관해서 정확한 정보를 제공해주지 못한다는 단점을 지니고 있다.

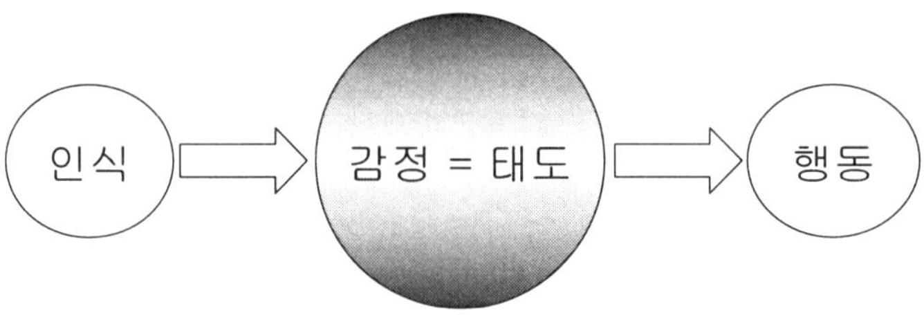

[그림 8-1] 태도형성 모델

※ 자료원 : Richard J. Lutz, "The Role of Attitude Theory in Marketing", in Harold H. Kassarjian and Thomas S. Robertson, Eds., *Perspecttives in Consumer Behavior*, 3rd Ed.(Glenview, Ill.: Scott, Foresman, 1981), p.235.

이 단일요소 모델의 단점을 보완하기 위해 3요소 모델과 단일요소 모델의 타협안이 제시되고 있는데 [그림 8-1]과 같다. 감정과 태도를 동일한 것으로 보고 있으면서도(단일요소 모델), 인식과 행동에 서로 밀접한 관련성을 가지고 있는 것으로 보고 있다.

3요소 모델(tricomponent attitude model)은 인식적 요소(cognitive component), 감정적 요소(affective component), 행동적 요소(conactive component)로 구성되는 태도모델이다.

(2) 신념 · 평가 모델

상품에 대한 태도는 모든 관련된 속성에 걸쳐 상표가 각 속성이 갖고 있을 확률(L호텔이 수영장을 가지고 있을 가능성)과 속성이 부여된 가치(소비자가 수영장이 있는 호텔을 바람직하다고 생각하는가?)를 곱하여 합산함으로써 평가된다.

$$A_0 = \sum_{i=1}^{n} b_i a_i$$

A_0 = 상표에 대한 소비자의 전반적인 태도

b_i = 상표가 속성 I와 관련된다는 신념 정도

a_i = 속성 I에 대한 가치

n = 관련된 속성의 수

〔예〕 신념 : L호텔이 다음과 같은 속성을 갖고 있을 가능성은 어느 정도인가?

L 호텔은 수영장을 가지고 있다.
매우 그렇다 3 2 1 0 -1 -2 -3 매우 그렇지 않다

가치 : 다음과 같은 속성이 바람직한 정도를 표시하시오.

호텔에 수영장이 있는 것은
매우 바람직하다 3 2 1 0 -1 -2 -3 매우 바람직하지 않다

(3) 신념 · 중요성 모델

한 상표에 대한 태도는 그 상표가 갖고 있는 속성에 관한 신념을 각 속성의 중요성으로 곱하여 합계함으로써 평가한다.

$$A_0 = \sum_{i=1}^{n} b_i a_i$$

A_0 = 상표에 대한 소비자의 전반적인 태도

b_i = 상표가 속성 I와 관련된다는 신념 정도

a_i = 속성 I에 대한 중요성

n = 관련된 속성의 수

〔예〕 신념의 측정

L 호텔에는 수영장이
있다 ---------없다

〔예〕 중요성의 측정
수영장
매우 중요하다 3 2 1 0 -1 -2 -3 매우 중요하지 않다

■ 실제 태도치의 계산(호텔평가)

	중요성	신념(A호텔)	신념(B호텔)
위 치	3	4	3
가 격	4	4	2
이미지	5	3	3

• A 호텔

3 × 4 = 12
4 × 4 = 16
5 × 3 = 15

43

• B 호텔

3 × 3 = 9
4 × 2 = 8
5 × 3 = 15

32

※ A 호텔에 대한 태도가 더 우호적이다. → 이용 가능성이 높다.

제 9 장 사회문화적 영향요인과 관광행동

9-1 집단과 관광행동

사람들은 집단에 가입함으로써 그 집단으로부터 어떤 욕구를 충족한다. 집단 속에 속해 있는 구성원은 위험으로부터 보호를 받을 수 있고, 어려운 문제에 봉착했을 때 그 해결책을 구할 수 있다. 또한 다른 사람들과의 만남을 통해 사교활동을 꾀할 수 있고, 행동모델을 제공받음으로써 자기의 이미지를 고양시킬 수도 있다.

아울러 집단 속에서 이루어지는 다양한 행동에 대한 관찰을 통해 구성원의 행동을 평가할 수 있는 기준을 제공받는다. 예를 들어 여행사에서 제공하는 집단여행을 할 경우에 관광자는 다음의 다섯 가지 중요한 편익을 제공받는다.

첫째, 여행사에서 계획한 여행은 제한된 시간 내에 무엇을 볼 것인가라는 문제를 간단히 해결해준다. 여행 일정표에는 많은 지역들 중 관광대상으로서 매력이 큰 곳을 함축적으로 포함하고 있다. 그래서 이러한 여행은 여행의 '무경험자'에게 더욱 매력적일 수 있다.

둘째, 사전에 계획된 여행은 관광자들에게 여행의 목적지나 숙박지에 대해 사전에 정보를 제공해주기 때문에 심리적으로나 신체적으로 안정을 갖게 한다.

셋째, 여행사에서는 여행의 경비를 관광자에게 미리 알려주고 선택하게 함으로써 경제적인 안정감과 계산의 용이성을 제공해준다. 여행사는 관광자들에게 더이상의 추가요금이 없다는 인상을 주려고 노력할 것이다.

넷째, 여행사의 집단 여행은 관광자에게 외적인 사회문제의 발생을 극소화시킴으로써 안전을 도모한다. 여행 안내원들은 교통편・통역, 기타 여러 문제를 잘 처리함으로써 관광자와 낯선 사회환경 사이에서 완충자의 역할을 수행한다.

다섯째, 때로는 사전 선전 판촉물에 누락된 다른 기능도 수행할 수 있다. 예를 들어 여행중에 발생할 수 있는 관광자 상호간의 갈등을 해소하여 집단 내의 결속을 강화시키려고 노력한다. 집단여행에 참가한 관광자들은 서로간에 의견의 일치를 얻어내기가 어려운 경우가 있다. 이때 여행 안내원은 이러한 문제를 해결해주는 중요한 중재자의 역할을 수행한다. 의견의 일치가 잘 이루어지는 집단여행에서조차도 안전과 사회적 지원은 매우 중요한 요구사항이기 때문에 여행 안내원의 역할은 중요하다.

이밖에도 집단은 각 개인들에게 각기 다른 욕구를 충족시켜주기도 한다. 예를 들어 동일 집단에 속한 관광자라도 개인차에 따라 어떤 사람은 비용절감을 위해 집단여행을 선택하고, 또 다른 사람은 낯선 이국 땅에 혼자 여행가는 것이 불안하기 때문에 그와 같은 여행을 할 수 있다. 또는 주변 사람들의 경험을 따라 별다른 생각 없이 집단여행을 택할 수도 있을 것이다.

일단 집단 속에 포함되면 누구나 구성원으로서의 자격을 가지게 된다. 그 자격은 사람들이 여가시간을 어떻게 보내는가, 여행에 대해 어떤 태도를 가지는가, 여행활동에 시간과 돈을 얼마나 쓸 것인가 등에 중요한 영향을 미친다. 집단과 역할은 자기자신이 가지고 있는 잠재력이 집단 속에서 구체화됨으로써 어떤 활동에 몰입할 수 있을 때 그 영향력이 가장 커지는 것이다. 혼자서 하는 여행일지라도 그 사람의 행동은 다른 사람이나 단체에 의하여 영향을 받는다. 완전히 독립된 자기만의 여행이란 있을 수 없다.

여행자는 여행할 때 여러 가지 역할을 수행하게 된다. 특정 여행을 선택할 때, '체재형 여행자(vacationers)'가 되든지 아니면 '주유형 여행자(tourists)'가 될 것이다. 전자는 어느 한 곳에 여행하며 그곳에서 대부분의 시간을 보내는 반면, 후자는 휴가중에 여러 관광지와 관광대상을 찾아보게 된다. 이러한 각 역할은 각기 다른 유형의 행동을 유발한다.

본 연구에서 중요한 주제 중의 하나가 곧 목적지 선택 유형이다. 관광자의 사회적·경제적 특성이나 거주지 특성에 따라 그 성격이 다르므로 어떤 사람은 단일 목적지를 선호하고, 또 다른 사람들은 복수 목적지를 선호하게 된다.

지금까지 집단행동이 개인의 행동양식에 주는 영향과, 나아가 여가와 여행활동에서 어떤 행동을 유발하는가에 대해 알아보았다. 이러한 영향은 사회계층과 가족관계 속에서도 각기 다른 관광행태를 유발할 수 있다. 세상을 바라보는 관점과 행동 양식은 개인이 속해 있는 사회적 집단의 수준에 따라 달라질 수 있기 때문이다. 따라서 사회적·경제적 변수에 따른 관광행태의 연구에서는 개인이 속해 있는 사회적 계층, 가족 구성의 성격을 고려하는 것이 중요하다.

(1) 집단의 정의

어떤 사람이 동창회에 참석하고자 할 때 대체로 그 모임에 참석할 사람들의 반응을 고려하여 입고 갈 옷을 선택한다. 그의 행동은 소속된 집단의 영향을 받는다고 할 수 있다.

- **집단**(group) : 규범·가치·신념을 공유하여 묵시적 또는 명시적 관계를 가짐으로써 구성원들의 행동이 상호의존적인 2명 이상의 모임
  - 예 고등학교 동창, 직장동료, 같은 교회에 소속된 신도, 김천대학 관광·호텔경영계열 1학년 등(내부적 연관성)

대부분의 소비자행동이 집단배경 내에서 일어날 뿐만 아니라 집단들은 소비자의 사회화 학습에 있어서 중요한 역할을 수행한다.

집단이 소비자행동에 미치는 영향을 분석하기 위해서는 특히 준거집단을 고려해야 한다.

집 단

- 집단의 조건
  1. 구성원들에게 공통의 목표가 있다.
  2. 공통의 목표를 달성하기 위한 커뮤니케이션과 협력관계가 구축되어 있다.
  3. 역할이 분담되어 있으며, 전체적으로 통합되어 있다.
  4. 규칙이나 규범이 있다.
  5. 구성원이 집단에 매력을 느끼며, 집단에 머물고 싶어한다.

↓

개인에 대한 영향

- 우리의 행동은 소속되어 있는 집단의 영향을 받는다.
- 집단의 구성원에게 공유되어 있는 가치관이나 관념·판단·태도·행동 등의 기준이 규범·집단의 유지

↓

규범의 압력이 강해지면

- 구성원의 행동은 다음 3가지 패턴으로 나누어진다.
  1. 동조행동 : 규범에 순종하고자 한다.
  2. 반항행동 : 규범에 대항하고자 한다.
  3. 회피행동 : 규범(집단)으로부터 도피하고자 한다.

※ 자료 : 후카모리 모토후미, ≪하룻밤에 읽는 심리학≫, 중앙M&B, 2003, p.169 인용

[그림 9-1] 집단의 정의

9-2 준거집단과 관광행동

(1) 준거집단의 정의

개인의 태도나 행동에 직·간접으로 영향을 미치는 모든 집단이다. 준

거집단에는 가족, 친척, 이웃, 학교동료나 직장동료, 스포츠 동우회나 교회 등이 포함된다. 준거집단은 자신이 소속되어 있지 않더라도 자신이 소속되기를 원하는 집단이 포함된다. 어떤 집단의 가치나 행동을 회피하고자 할 때 그 집단 역시 준거집단이 된다. 사람들은 준거집단의 행동규범과 생활양식을 따르려고 하기도 하고, 또한 따르라고 하는 압력을 준거집단으로부터 받기도 한다.

이밖에도 소비자는 준거집단 구성원의 의견을 신뢰성 있는 정보원천으로 받아들이기 때문에 기업은 고객의 준거집단의 특성을 파악하여, 그 특성에 맞는 마케팅활동을 수립해야 한다.

(2) 준거집단의 유형

① 준거집단의 구성원인가 여부에 따라 개인이 실제 소속한 구성원집단과 비구성원집단으로 나누어진다.
② 구성원간의 접촉비율에 따라 접촉이 빈번한 1차집단과 접촉이 한정되어 있는 2차집단으로 나누어진다.
③ 매력도 : 해당집단의 구성원이 되는 것이 얼마나 매력적인가 하는 것

구성원 자격을 가지고 적극적으로 대면접촉을 하며, 집단의 가치 · 태도 · 기준을 승인하는 '접촉집단'과 구성원 자격을 가지고 대면접촉은 하지만 그 집단의 가치 · 태도 · 기준을 승인하지 않는 '부인집단'으로 나뉜다.

〈표 9-1〉 준거집단의 유형

	구성원	매력도	접촉 유형
집 단	구성원 집단	접촉집단(긍정적)	1차 참여집단(빈번함)
		부인집단(긍정적)	2차 참여집단(제한됨)
	비구성원 집단	희구집단(긍정적)	
		회피집단(부정적)	

또한 비구성원 집단은 매력도에 따라 그 집단의 성원자격이 없고 대면 접촉을 하고 있지 않지만 그 집단의 구성원이 되고자 하고, 그 집단으로부터 인정받기를 갈구하는 '희구집단'과 현재 소속되어 있지도 않고 대면 접촉도 하지 않으며 앞으로도 소속되기를 원하지 않는 '회피집단'으로 나눌 수 있다.

(3) 준거집단의 영향

1) 규범적 영향

준거집단은 그 집단에만 통용되는 집단규범에 따르도록 통제한다. 이러한 준거집단의 역할을 규범적 기능이라고 하는데, 소비자에 대한 준거집단의 규범적 영향력은 규범적 기능의 결과를 의미한다. 준거집단의 규범적 영향은 구매목적, 구매 전 정보탐색행위, 구매상품과 상표의 결정, 구매처의 결정, 구매방법, 사용방법 등에 걸쳐 작용한다.

- 자극 불분명 : 집단의 영향이 강하다
- 집단의 힘(불일치에 대해 구성원을 처벌할 수 있는 힘)이 클수록 규범에 순응
- 구성원이 집단의 가치나 규범에 따르고자 하는 바람이 클수록 규범에 순응

2) 가치표현적 영향

소비자는 자신의 태도와 중요하게 생각하는 구성원의 태도를 비교하여, 자신이 동의하는 집단에는 참여하고 동의하지 않는 집단과는 분리시킴으로써 자신의 이미지를 유지·개선하려는 것이다.

〈표 9-2〉 소비상황과 준거집단 영향의 유형

상 황	행동적 반응	영향의 유형
•친구가 롯데백화점에서 옷을 세일한다고 말했다. •몇몇 친구들 집에서 카푸치노 커피를 마셨다. •직장에서 운동을 가장 잘 하는 사람이 나이키 운동화를 신고 있었다.	•새 옷이 필요하여 롯데백화점을 방문하였다. •카푸치노 커피를 구입하여 먹어보기로 결심했다 •나이키 운동화를 샀다.	정보 제공적
•이웃사람들이 옆집의 차가 더럽다고 비웃었다. •친구들은 맛 차이도 모르면서 수입맥주를 마신다. •"동료들이 당신의 구취를 싫어한다"는 광고를 보았다.	•세차하고 왁스칠도 했다. •친구를 접대하기 위하여 수입맥주를 구매하였다. •광고된 구강청정제를 샀다.	규범 제공적
•성공적인 경영자들이 보수적으로 옷을 입는다는 사실을 알게 되었다. •"발랄한 젊은이들이 이랜드를 입는다"는 광고를 보았다. •많은 친구들이 건강식품을 먹고 있었다.	•보수적인 이미지가 경영자에게 어울린다고 생각하여 보수적으로 옷을 입기로 했다. •이랜드의 옷을 구매하려고 한다. •건강식품이 좋다고 생각하여 나도 먹기로 했다.	비교기준적

※ 자료원 : 유동근(1992), ≪소비자행동론≫, 미래경영, p.424.

3) 정보적 영향

소비자가 준거집단과 상호작용을 한다는 것은 서로 정보를 교환하는 의사소통이 이루어진다는 사실을 내포하고 있다. 소비자가 직접 제품을 평가할 수 없는 경우에는 제품평가에 대한 증거로서 다른 사람(준거집단)의 의견을 구하게 된다.

9-3 사회계층과 관광행동

관광행태를 설명하는 데 있어 경제적 요인은 그다지 중요하지 않을 수 있다. 물론 관광에서의 소득과 비용 문제는 대단히 중요하지만 개인의 여가와 관광행동의 성향을 설명하는 데는 부족하다.

오늘날 실질소득은 이전의 세대보다 훨씬 더 높아졌다. 따라서 사람들은 생활에 꼭 필요한 것 이외에도 관광이나 여가생활을 위해 더 많은 소비를 하게 되었다. 또한 현대에는 중산층의 비율이 높아졌는데, 이들은 여러모로 다양한 소비항목을 가지고 있어 소득수준만으로는 이들의 자유재량 소득(discretionary dollars)의 비중을 가늠하기가 매우 어렵다. 따라서 관광행태를 설명하기 위해서는 경제적 조건보다는 관광자의 심리적 요인과 사회적 요인을 함께 고려하여야 한다.

이 연구는 이런 의미에서 사회적·경제적 변수로 소득수준 외에 교육수준이나 직업의 종류를 채택하여 종합적으로 살피는 데 중점을 두었다. 이러한 사회적·경제적 요인 중의 하나가 사회계층으로서, 이는 여러 가지 관광행태를 설명하는 데 유용하므로 사회계층의 의미와 그 영향에 대해 알아보기로 한다.

(1) 사회계층의 정의

인간사회는 반드시 그 속에서 누릴 수 있는 지위(status)와 특권 (prestige)에 의해 몇 개의 계층으로 분류할 수 있다. 그 이유는 어떤 사회에서라도 개인이 수행해야 될 기능이 존재하며, 그 기능을 수행하기 위해서는 어떤 역할을 맡을 수밖에 없기 때문이다.

이것은 인간생활이 이루어지기 시작한 원시적 사회에서도 예외는 아니었다. 추장이 되거나 의사가 되는 사람이 있는가 하면 사냥꾼이나 전사가 되는 사람도 있기 마련이다. 하물며 더욱 복잡하고 발전된 현대사회에서는 개인이 수행해야 할 역할이 훨씬 더 다양화되지 않겠는가?

그런데 원시사회나 현대사회에서나 각자에게 맡겨진 역할은 그 사회의 구성원의 자격에 의해 그 평가가 달라진다. 예를 들면 노동자나 의사가 그 기능 면에서 다같이 중요한 역할을 담당하고 있다는 데에는 의심할 여지가 없겠지만, 일반적으로 사회에 기여하는 정도 면에서는 의사가 노동자보다 더 크다고 평가된다.

이론적으로 사회계층화(social stratification)를 인정하지 않는 공산주의 사회에서조차도 개인의 역할은 다른 사람의 역할과 다르게 평가된다. 결국 사회의 모든 구성원의 자격은 동등하지 않다는 것이다. 모든 사람은 같은 권력이나 같은 재산을 가지고 있지 않기 때문에 그에 따른 가치관도 다를 수밖에 없다. 따라서 거의 모든 사람은 이러한 계층 간의 차이를 어느 정도 의식하고 살아간다. 즉, 스스로 자기가 어떤 계층에 속해 있다는 것을 인식하고 있다.

사회계층은 사회적 지위나 그에 따른 가치관이 서로 비슷한 사람들로서 구성된다. 사회계층 분류에 관한 연구는 Walter와 Paul에 의한 미국사회를 기준으로 한 분류가 많은 연구에서 인용되어 왔으나, 우리나라의 경우를 적용한 사례는 그다지 많지 않다.

이와 같은 사회계층의 분류는 그 계층에 속하는 사람들의 특징과 행동의 흐름을 파악할 수 있다는 점에서 매우 필요하다. 채서일이 연구한 우리나라의 사회계층구조를 〈표 9-3〉과 같이 예시해보았다.

개인이나 가족이 어느 사회계층에 속하느냐는 것은 여러 가지 요인에 달려 있는데, 가장 중요한 두 가지 요인으로서 교육과 직업이라는 데에는 거의 이견이 없다고 본다. 그러나 재산과 소득은 상위계층과 하위계층을 제외하고 중간의 몇 계층에서는 개인의 사회계층적 지위와 별 관계가 없다고 본다. 그 이유는 같은 소득 수준에 있다고 해서 반드시 유사한 행동패턴으로 나타나지 않을 수 있기 때문이다. 이것이 사회계층이론의 본질이다.

동일한 사회계층 내에서는 비슷한 생활양식을 갖게 됨으로써 이에 따라 가치관·대인관계 또는 자의식에까지 영향을 주어 다른 계층과 뚜렷이 구별된다. 또한 경우에 따라서 계층간에 상당한 차이를 보일 수 있다. 어떤 직업은 소득수준 면에서 훨씬 높은 다른 직업과 동일한 태도와 가치관을 가짐으로써 모두 같은 계층에 속할 수 있다. 그러나 경제적으로 안정된 어떤 직업은 생활양식이나 가치관 면에서 보면, 분명히 하위계층으로 분류될 수도 있다는 것이다.

사회계층이란 한 사회의 구성원들을 사회적 지위의 측면에서 비교적 동질적인 집단들로 계층화시킨 결과인데, 소비자행동에 영향을 미치는 중요한 요인 중의 하나이다. 즉 사회계층은 교육수준이나 직업·소득이 유사한 사람들의 동질적인 집단을 나타내므로 한 사회계층의 구성원들은 직접 대면접촉을 하지 않을지라도 유사한 행동을 보이는 경향이 있다.

따라서 사회적 계층화(social stratification)란 "위엄과 영향력의 측면에서 계층이 형성되도록, 그 사회의 구성원들을 다른 구성원에 비해 보다 높거나 낮은 사회적 지위로 평가하는 과정"이라고 정의된다.

사회계층의 결정요소와 영향을 살펴보면 위엄과 영향력의 지표로 사용할 지위차원(status dimensions)들을 선정하는 일이다. 일반적으로 사회적 지위는 교육수준·직업·소득 수준·재산상태·주거형태·인종·혈통

(조상)·성별·연령·소속된 모임과 친교관계, 사회에 대한 봉사활동, 다른 사람에 대한 영향력 등의 차원들에 의해 결정된다.

〈표 9-3〉 사회계층구조

사 회 계 층	구 성 원	비율 (%)
상 층	•2대째이거나 당대에 상류층으로 입신한 사람 •기업인, 전문직 고급공무원, 의사, 교수, 법조인, 군인, 예술가 중 성공한 사람 •높은 교육 수준으로 큰 단독주택, 고급빌라, 큰 평형의 아파트에 거주	5
중 상 층	•높은 교육 수준으로 사회적 지위나 부 그 자체보다는 자신의 경력 관리에 더 가치를 두는 사람 •기업체의 중간 경영층, 전문직 중 중층을 이루는 사람, 소규모 기업의 사장 •자녀교육에 대한 관심이 높고, 고급 주택가에 살기를 원하며, 사회의 가치관을 선도해가는 사람	10
중 하 층	•평균 수준의 교육을 받은 보수적 가치관을 가진 사람 •사무직·기술직을 포함한 기업의 중간 경영층, 조그만 자영업을 하는 사람 •최소한의 유행에 뒤지지 않으려 하고, 지명도가 있는 상품을 선호	50
도 시 하 층	•일반적으로 교육 수준이 낮은 편 •일당 노동자나 3D 업종에 종사	20
농·어촌 하층	•농촌, 어촌, 광산촌에서 지주나 선주들을 제외한 모든 사람 •자기 집은 소유하고 있으나 교육 수준이 낮음 •경세적으로는 도시하층보나 높으나 소비 수준은 낮음	15

※ 자료원 : 채서일(1993), ≪마케팅≫, pp.153-158.

일단 구성원들은 사회적으로 계층화하기 위한 차원들과 각 차원의 상대적 가중치를 결정하고 나면 각 구성원의 사회적 지위를 측정하게 되는데 대체로 객관적 방법이 널리 이용된다. 그 다음 유사한 사회적 지위를 차지한 구성원들을 집단화하는 과정을 거쳐 사회계층을 정의하기에 이른다.

(2) 사회계층의 특성

1) 행동의 제약성

사회계층은 전문화된 활동을 제외하고는 상이한 계층을 지닌 개인간의 행동을 제약한다. 사람들은 그들과 똑같은 일을 똑같은 방식으로 안심하고 할 수 있는 사람들과 밀접한 사회적 관계를 유지하고 있다.

2) 계층성

사회계층은 보통 낮은 신분에서 높은 신분에 이르기까지 계층화되어 있다. 그러므로 한 사회계층에 속한 사람들은 다른 사회계층의 사람들보다 신분이 더 높거나 더 낮다고 생각할 수 있다.

3) 다차원성

[그림 9-2]에서 볼 수 있듯이 사회계층은 여러 차원에 기초를 두고 있다. 즉 사회계층은 여러 변수들의 복합개념으로 볼 수 있는데, 그러한 변수에는 흔히 권위(타인에 의한 인정의 정도) · 소득 · 영향력(혹은 파워) · 교양이 포함되어 있고, 이들은 다시 직업 · 교육 · 유산과 관련되어 있다.

이와 같은 다차원성 때문에 사회계층의 측정에는 직업 · 부 · 교육 · 파워와 같은 대용변수(proxy variables)가 복합적으로 이용되고 있다.

4) 동태성

사회계층은 정태적인 것이 아니라 시간의 경과나 상황의 변화에 따라 정태적이다.

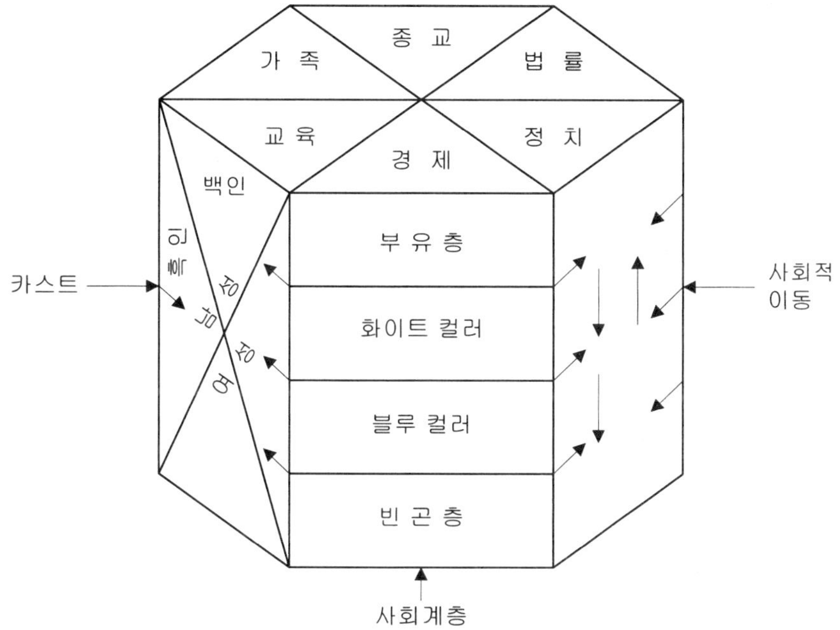

[그림 9-2] 사회계층의 다차원성

5) 행동패턴의 동질성

동일한 사회계층에 속한 사람들은 가치·태도·행동패턴이 서로 유사하며, 따라서 다른 사회계층에 속한 사람들과는 상이한 가치·태도·행동패턴을 보이게 된다. 그러므로 사회계층이 상이하면 그들의 관광행동도 다를 것이기 때문에 사회계층은 흔히 유용한 시장세분화의 기준이 되고 있다.

(3) 사회계층의 측정

사회계층을 측정하고 분류하기 위해 여러 가지 방법들이 개발되었다. 그러한 측정방법 중 다음의 두 가지 방법이 대표적이다.

1) 단일항목 지수

단일항목 지수(single-item indexes)란 교육 수준이나 직업・소득수준 등 하나의 차원을 근거로 하여 구성원들의 사회적 지위를 측정하는 것이다. 직업과 소득이 대표적인 측정항목이다.

2) 다항목 지수

다항목 지수(multi-item indexes)란 여러 개의 계층지표를 종합하여 하나의 지수로 만드는 방법이다. 대표적으로 Hollingshead Index of Social Position(ISP), Warner's Index of Status Characteristics(ISC), Census Bureau's Index of Socioeconomic Status(SES) 등이 있다.

① Hollingshead Index of Social Position(ISP)

이 척도는 개별적인 가계의 전반적인 사회적 지위를 측정하거나 반영하기 위하여 설계되었기 때문에 한 척도상의 낮은 점수가 다른 척도상의 높은 점수로 상쇄될 수 있다고 가정한다.

〈표 9-4〉 Hollingshead의 ISP

직업척도(가중치 7)	
구 분	점 수
대기업이나 전문직종의 고위간부	1
중형기업의 소유자, 준전문직 종사자	2
대기업의 관리자, 소형기업의 소유자	3
회계, 판매원, 기술자, 영세기업의 소유자	4
숙련된 수작업공	5
기계조작공, 반숙련 고용자	6
비숙련 고용자	7
교육척도(가중치 4)	
구 분	점 수
전문직(박사 등)	1
4년제 대학 졸업	2
초급대학 졸업	3
고등학교 졸업	4
고등학교 중퇴	5
중학교 졸업 이하	6
초등학교 졸업 이하	7
ISP 점수 = (직업점수 × 7) + (교육점수 × 4)	

〈표 9-5〉 Hollingshead의 ISP에 따른 사회계층 분류체계

사회계층	점수의 범위	인구구성비
상	11 ~ 17	3.0
중상	18 ~ 31	8.0
중	32 ~ 47	22.0
중하	48 ~ 63	46.0
하	64 ~ 77	21.0

② Warner's Index of Status Characteristics(ISC)

직업, 소득의 원천, 주택의 형태, 주거지역 등 네 가지의 사회경제적 지위차원들을 근거로 한다.

〈표 9-6〉 Warner's ISC

점수	지위차원			
	직 업	소득의 원천	주택의 형태	주거지역
1	전문직, 대기업 소유자	유산	훌륭한 저택	매우 비싼 곳
2	준전문직, 대기업간부	획득한 재산	매우 좋은 집	비싼 곳
3	회계	이익 · 수수료	좋은 집	평균 이상
4	숙련기사	월급	보통의 집	평균
5	소기업 종사자	임금	그저그런 집	평균 이하
6	반숙련공	개인적 지원	나쁜 집	싼 집
7	비숙련공	정부의 지원	매우 나쁜 집	매우 싼 곳
ISC 점수=(직업×4)+(소득×3)+(주택의 형태×3)+(주거지역×2)				

③ Census Bureau's Index of Socioeconomic Status(SES)

미국정보의 통계국은 소득 · 교육 · 직업을 사회적 지위차원으로 하여 구성원들의 사회적 지위를 측정하여 4개 사회계층을 분류하였다.

이외에도 Coleman의 도시지위 지수(IUS)는 사회계층의 측정에 교육, 교제활동, 배우자의 지위도 반영하였고, Ellis의 계층지위 지수(ICP)는 응답자에게 자기 아버지의 직업을 말하고 주관적으로 응답자의 사회계층을 평가하였다.

〈표 9-7〉 Census Bureau'sISES

소득범주	소득점수	교육범주	교육점수	직업범주	직업점수
3천 미만	15	초등학교 중퇴	10	노동자	20
3천~4천 미만	31	초등학교 졸업	23	은퇴자	33
5천~7천 5백	62	고등학교 중퇴	42	학생	33
7천 5백~1만	84	고등학교 졸업	67	가정주부	33
1만~1만 5천	94	대학 중퇴	86	실업자	33
1만 5천~2만	97	대학 졸업	93	서비스 종사자	34
2만~3만	99	대학원 졸업	98	기사	45
				기능인	58
				회계	71
				경영자	81
				전문직	90
SES 점수 = (소득 + 교육 + 직업) / 3					

〈표 9-8〉 Census Bureau's ISES에 따른 사회계층 분류체계

사회계층	점수의 범위	인구구성비
상	90 ~ 99	15.1
중상	70 ~ 89	34.5
중하	45 ~ 69	34.1
하	0 ~ 44	16.3

(4) 사회계층의 마케팅 활용

사회계층이라는 개념은 다음과 같이 마케팅 전략상의 풍부한 시사점을 제공해주고 있다.

1) 제품의 상징성

소비자는 제품이 자신을 위하여 해줄 수 있는 일(기능적 속성)뿐 아니라 그들이 의미하는 것(상징성 속성) 때문에 특정한 제품을 구매하는데,

제품은 그들의 순전한 기능적 목적에 덧붙여 심리적 및 사회적으로 독특한 의미를 갖는 것으로 간주된다.

소비자는 일부 제품을 "기능적으로 필요해서가 아니라 그가 누구이며, 그의 사회적 지위나 사회계층이 무엇인지를 다른 사람들에게 알려주기 위한 상징으로서 구매"하는 경향이 있다.

2) 시장세분화

일부 제품의 마케터는 소비자의 사회적 지위(또는 사회적 지위에 따라 다르게 나타나는 소비자행동 특성)를 근거로 하여 전체시장을 세분할 수 있다.

3) 광 고

광고에서 사용하는 언어와 상징은 사회계층에 따라 상이한 의미를 전달하므로 표적시장의 사회계층은 광고의 방향을 제시해줄 수 있다.

4) 유통경로

점포애고도 사회계층에 따라 다르다. 즉 하류층 소비자가 할인점이나 지역점포에서 또는 우편주문을 통하여 쇼핑하는 데 반하여 상류층 소비자는 위험을 많이 지각하는 제품은 정규백화점에서, 위험을 덜 지각하는 제품은 할인점에서 구매하는 경향이 있다.

5) 신제품 개발

사회계층에 따라 소비자는 제품특성과 스타일에 대하여 상이한 반응을 나타낸다.

(5) 사회계층과 관광행태와의 상관성

문화의 소산으로서 어떤 행태로든 모든 인간사회에 편재하는 사회계층은 p층 구성원의 전반에 영향을 미침으로 해서, 결국 같은 계층 내의 구성원들은 서로 유사한 사고·행동·신념·태도·가치관 등을 지니게 된다. 따라서 일반적으로 동일한 사회계층에 속해 있는 사람들은 비슷한 행동패턴을 취하는 경향이 있다.

이러한 차원에서 본다면, 관광행태에서 사회계층별 차이가 난다는 것은 당연한 이치이며, 더구나 관광이 많은 상징성을 내포한 상품이라는 점을 감안한다면 그 차이는 더 현저할 것으로 여겨진다.

기존 여러 연구들에서 밝혀진 관광행태의 사회계층별 차이들은 다음과 같다.

첫째, 거대한 환경을 자유롭게 이용할 수 있는 관광에 대한 다양한 소비는 직접적으로 사회계층과 연관되어 있다. 왜냐하면 사회계층에 따라 휴일의 분포와 휴가시기 선택의 자유, 그리고 금전적 여유에 차이가 있기 때문이다. 즉, 사회계층에 따라 관광을 할 수 있는 기반조건이 다르다고 할 수 있다. 따라서 상층에 속하는 사람들일수록 활동적이며, 자주 단기여행을 즐기는 경향이 있다.

둘째, 사회계층은 관광현상의 지각에 강력한 영향을 미친다. 중류층은 보다 미래지향적으로 긴장에 대하여 합리적인 적응을 하고, 장기적인 안목을 가지고 있으며, 사고에 대한 시야가 넓어 행동을 하는 데 많은 제약도 받지 않고, 자기확신과 모험에 대한 의지가 강하며, 사고방식이 비물질적이고 추상적이다. 따라서 이 계층은 관광을 더 넓은 세계를 탐구하는 수단으로 인지하고, 관광에 큰 가치를 부여하므로 관광현상을 지각할 가능성이 더 많다.

이에 반하여 하류층은 현재 중심적이고 과거지향적이며, 주로 비합리적인 적응력을 가지고 단기적 안목에서 생각을 하며, 한정되고 좁은 시야 속에 제한된 관념을 갖고 있어 세상을 상당히 제한되고 위협적인 곳으로 인식하고 있다. 또한 안전과 불안전의 문제에 높은 관심을 갖고 있으며, 사고방식이 구체적이고 감각적인 특징이 있다. 일례로 하층에 속하는 사람들은 백만장자가 되는 공상은 많이 하지만 해외여행의 가능성에 대해서는 전혀 생각하지 않는다는 것이다. 따라서 이 p층은 관광에 흥미가 많지 않고, 장거리 관광여행을 꺼려하며 무익한 것으로 지각한다고 볼 수 있다.

셋째, 사회계층에 따라 자녀의 관광경험에 대한 가치부여 정도가 다르다. 중류층과 하류층의 여성들은 모두 상당히 자녀 중심적이다. 그러나 중류층의 어머니들은 하류층의 어머니보다 자녀교육에 더 큰 중요성을 부여한다. 따라서 관광이 교육적 경험으로 지각되는 정도가 클수록 중류층 가족은 관광에 더 많이 참여하게 될 것이다.

중류층 이상의 부모들은 자기 자녀들이 역사·정부·과학에 관해 중요한 것을 배운다는 점에서 관광경험을 중요시하기 때문에 박물관이나 갤러리 등을 자주 방문하고 문화나 유적관광을 즐긴다. 한편 하류층의 부모들은 사냥·낚시·자연에 관해 자녀들이 중요한 것을 배운다는 점에서 관광경험을 중시한다. 그러므로 각 계층은 서로 다른 형태의 관광목적지와 관광대상을 선호하며, 서로 다른 휴가활동을 즐긴다.

넷째, 사회계층은 관광태도의 차이를 초래한다. 즉 계층마다 휴일의 활동과 경험 정도가 달라서 각기 다른 유형의 관광에 가치를 둔다. 상류층의 사람들은 관광과 외식에 여가활동비를 가장 많이 지출하는 것으로 나타났으며, 관광지로는 황야지역과 같은 모험적인 장소를 선호하고, 날씨보다는 장소를 더 중요시한다. 그러나 중류층과 하류층의 사람들은 관광지로 바다를 더 선호하고, 장소보다는 날씨에 더 관심이 크다.

그리고 자신감이 강하고 모험심이 큰 상류층의 사람들은 개별여행을 즐겨하는 반면 자신감이 적고 소극적인 하류층의 사람들은 조직된 패키지를 많이 한다. 또한 상류층의 사람들은 관광지역 고유의 특징을 더 중요시하는 데 비해 하류층은 기본시설적인 요소(숙박·음식 등)를 더 중요시한다.

다섯째, 사회계층에 따라 관광동기에 있어 현저한 차이를 나타낸다. 중상류층에 속한 사람들은 관광목적지의 문화와 생활에 적극적으로 참여하고자 하는 교육 및 문화적 동기에 의해 관광을 하며, 이에 반하여 중하류층의 사람들은 관광을 사회적 우월성의 표현수단으로 삼는다. 그래서 평상시와는 달리 관광중에는 값비싼 기념품을 구입하기 때문에 관광여행 예산비용을 높게 책정한다.

또한 해외여행이 모든 계층에 의해 행해진다 하여도 그 동기에 있어서는 상층과 하층이 큰 차이를 보일 것으로 예상된다. 왜냐하면 상층의 사람들은 경치와 프라이버시에 관심이 많은 반면, 하층의 사람들은 음식과 밤생활에 더 큰 관심을 보이기 때문이다.

여섯째, 사회계층에 따라 부부관계가 서로 달라서 여가와 관광행동에도 이에 따른 차이가 있다. 하류층의 사람들의 결혼생활에서는 중류층보다 남편과 아내의 역할이 분명히 구분된다. 바꾸어 말하면 중류층 부부는 대인관계와 남녀역할에 관해서 덜 전통적인 사고방식을 가진다.

이러한 생활의 차이는 여가활동에까지 연장된다. 하류층의 남편은 중류층의 남편보다 아이들과 정기적으로 밤을 보내거나 볼링장과 술집에서 즐기는 경향이 크다. 또한 하류층의 남편은 주기적으로 친구 몇몇과 함께 집을 떠나 장기간 사냥이나 낚시를 하는 경향이 있다. 반면 중류층의 사람들은 하류층과는 매우 대조적이다. 물론 중류층의 남편도 가끔 남자들끼리 낚시나 사냥을 하지만 거의 가족과 함께 휴가를 보낸다.

일곱째, 사회계층에 따라 관광을 위한 신용카드 사용에 차이가 나타난다. 하류층의 사람들은 자신들의 욕구충족을 지연시킬 수 없기 때문에 할부를 위해 신용카드를 자주 사용한다. 그러나 중류층과 상류층은 할부구매를 위한 신용카드 사용은 피하는 경우가 많은데, 이것은 그들이 폭넓은 시간개념을 갖고 있고 장기적인 계획을 수립하는 경향이 있어 심리적으로 욕구충족을 지연시키려고 하기 때문이다.

따라서 중류층과 상류층에게 여행상품을 판매할 때에 휴가여행에 신용카드를 이용하도록 강조하는 것은 생각보다 덜 성공적인 전략일 수가 있다. 왜냐하면 이들 계층의 사람들은 장기적인 저축계획을 하며, 추가적인 빚을 지고자 할 때에는 심사숙고하게 되기 때문이다. 오히려 여행적금 클럽을 계획하는 것이 신용카드로 여행상품을 판매하는 것보다 더 합리적이다.

여덟째, 사회계층은 관광지 및 관광시설 선택에 큰 영향을 미친다. 모든 사회계층의 쇼핑고객은 자기들 계층에 맞는 소매상점에 마음이 끌린다. 하류층의 사람들이 상류층 상점을 피하듯이, 상류층도 하류층 상점을 피하려고 애쓴다. 그리고 하류층은 보통 상점 선택의 범위가 좁지만, 상류층은 더 많은 장소에서 제품을 구입하고 또한 많은 가능성을 고려하고자 한다.

부분적으로 이것은 모험을 경험하려는 능력의 차이를 반영하고 있다고 할 수 있다. 이러한 능력의 차이가 관광 중에는 관광자가 좋아하는 호텔·모텔, 레스토랑, 그리고 가보고 싶은 관광지를 선택하는 방법의 차이를 나타낸다. 따라서 소매상점의 선택과 마찬가지로 관광지나 관광시설의 선택은 사회계층에 따라 분명히 차이가 나기 마련이다. 그래서 모든 계층이 사람들에게 인기가 있는 목적지라 할지라도 일단 그곳에 도착하면 같은 계층끼리 모이게 되어 계층별로 분리되는 현상을 나타내게 되는 것이다.

아홉째, 관광결정을 위해 기초적인 지식과 정보를 얻는 방법과 그 정도에 있어서 계층별로 다양성을 보인다. 상층과 중상층의 사람들은 빌슈어와 기자논평, 그리고 사전의 개인적 경험을 관광정보로 활용한다. 또한 관광 결정시 최대한 많은 정보를 탐색하여 고려하려 하고, 방문하고자 하는 목적지에 관한 서적을 읽는 경향이 있다.

반면 하층과 중하층의 사람들은 정보원천으로 TV나 광고매체를 많이 이용하고 정보탐색의 폭이 좁다. 중상층 이상의 사람들이 읽는 잡지의 관광광고에는 보통 외국관광지·국제항공사·유람선 등에 관한 광고가 상당히 많이 게재되어 있고, 광고내용은 주로 중상층 이상의 사람들을 상대로 한 것들이 많다.

이와는 대조적으로 대중시장을 목표로 하는 잡지의 관광광고에는 보통 국내관광시장을 취급하는 기업이 게재되며, 경제성, 거리제한 없는 요금, 할인요금, 특별요금의 패키지 상품과 같은 것들이 강조된다. 또한 사회계층에 따라 TV시청 시간과 보는 프로그램이 다르고, 라디오와 신문광고를 어느 정도 보는지, 색다른 광고에 어떻게 반응하는지가 다르다.

사회계층에 따른 관광행태의 차이에 대한 이상의 선택된 논의들을 살펴보면서 분명하게 알 수 있는 것은 사회계층이 관광행태에 간과할 수 없는 영향을 미친다는 것이며, 이를 통해 확신할 수 있는 것은 사회계층과 관광행태 사이에는 상관성이 존재한다는 것이다.

9-4 가족과 관광행동

여행지를 선택할 경우, 자기자신에 의하여 결정하기도 하지만 주위의 집단, 즉 이웃・친구・가족・동료 등의 영향에 관하여 의사결정을 하는 경우가 많다. 그 중에서도 개인에게 가장 많은 영향을 미치는 집단은 가족으로서, 가족은 집단 중에서 가장 기본단위이다. 가족 중에서 한 구성원이 여행행위를 한다고 할 때 1차적으로 가족과 함께 의논을 하게 되며, 또 의사결정의 판단과정에서도 서로의 의견들이 의시결정 과정에 영향을 미친다.

(1) 가족의 의의 및 역할

- 정의 : 혈연・결혼・입양 등을 통해 함께 살고 있는 2인 이상의 집단
  ① 부부가족 ② 핵가족 ③ 대가족

"부부중심으로 어버이와 자녀 등 근친자들이 한데 모여 의·식·주 따위의 일상생활을 공동으로 하는 집단"(우리말큰사전)

- 의의 : 개인의 행동에 대한 그 영향이 지배적이다(개인행동의 가치·규범·행위표준 제공).
- 기능 : ① 경제적 욕구를 충족시켜주며, 성원에게 심리적·신체적·사회적 안정을 제공
  ② 어린이에게 사회화의 기회를 제공하여 그 사회의 문화와 일치하는 가치관이나 행동양식을 학습하도록 한다.
  ③ 라이프스타일을 형성시킴

(2) 가족생활주기

가족생활주기(family life cycle)는 미혼기에서 출발하여 가정을 이루어 살다가 부부 중 어느 한쪽이 사망하기까지의 제단계를 말한다. 주로 시장세분화에 이용되는 FLC는 다음과 같다.

① 1단계 : 미혼기, 부모와 동거하지 않는 성인독신
② 2단계 : 신혼기, 젊은 신혼부부
③ 3단계 : 양친기, 한 자녀 이상과 동거하는 기혼부부
④ 4단계 : 양친후기, 동거자녀가 없는 노년부부
⑤ 5단계 : 해체기, 배우자 중 어느 한 사람만이 생존

한편 각 단계별 특징은 〈표 9-9〉와 같이 요약될 수 있다.

〈표 9-9〉 FLC 각 단계별 특징

FLC 단계	특 징
미혼기	•금전적 부담 없음 •패션의 오피니언 리더 •오락지향적
신혼기	•가장 높은 구매비율 •가장 높은 내구재 구매율
Full nest Ⅰ (6세 미만의 막내자녀)	•유동자산 적음 •금전적 여유가 극히 없음 •신제품에 대한 관심 •광고품을 선호
Full nest Ⅱ (막내자녀가 6세 이상)	•재정적으로 개선 •대량구매
Full nest Ⅲ (부양자녀를 지닌 노년부부)	•재정사정이 더욱 개선 •내구재 구입률 상승
Empty nest Ⅰ (가출자녀를 지닌 노년부부)	•주택보유 비율이 절정 •재정사정과 저축에 여유를 지님 •여행 · 오락 · 교육에 보다 관심
Empty nest Ⅱ (가출자녀, 가장 퇴직)	•수입이 격감 •주택은 그대로 보유
고독한 독신기, 취업	•수입은 변동 없으나 주택은 처분하는 경향
고독한 독신기, 퇴직	•수입이 격감, 특별한 보살핌 •애정 · 안정이 필요

※ 자료원 : William D. Wells and Geogre Guber(1966), "Life Cycle Concept in Marketing Research", *Journal of Marketing Research*, 3(November), p.362.

(3) 관광행동에 있어서의 가족구성원의 역할

가족의사 결정에 있어서 가족의 역할은 가족의 욕구를 충족시키는 수단이라 할 수 있다. 이러한 역할은 의사결정 과정에서의 가족구성원 행동을 말한다. 가족의사 결정에 미치는 부부 및 자녀의 상대적 영향과 역할은 다를 뿐만 아니라 의사결정의 단계에 있어서도 다르다. 가족의 구매의사 결정에서 구성원의 역할범주를 활용하는 것이 중요한데 핵심적인 것은 의사결정에 누가 지배적인가 하는 것이다. 대체로 가족여행 의사결정은 부부공동으로 이루어지고 있지만 여행상품이나 상황에 따라서 달라질 수 있다고 한다.

가족구매 의사결정에 있어서 가족구성원 중 누가 더 지배적인가 하는 데는 [그림 9-3]과 같이 4가지 유형으로 나눌 수 있다.

① 남편 주도적 결정

남편이 구매결정에 주도적인 영향력을 행사하며 사실상 최종선택을 하는 경우이다. 이때 부인은 보통 문제의 인식이나 상품에 대한 욕구, 선택에 필요한 정보의 수집, 구입 결정에 거의 영향을 끼치지 못한다. 이러한 유형의 가족의사 결정은 기계, 자동차수리 등과 같은 전문적·기술적 제품에서 많이 이루어진다.

② 부인 주도적 결정

부인이 구매결정에 직접적 영향력과 최종선택을 하는 경우로서 세탁기·식품·의류·음식·가구 등을 구입할 때 많이 나타난다. 최근 부인 주도적 의사결정 유형이 늘어나고 있다.

③ 부부공동의 의사결정

부부가 공동으로 참여하여 의사결정을 하는 유형으로 부부 중 어느 한쪽이 구매결정에 대해 주도적인 영향력을 행사하지 않는 스타일이다.

④ 부부공동의 영향-단독 결정

많은 경우에 있어서 상대방의 영향력이 결과에 영향을 미치기는 하지만 최종 결정은 부부 중 어느 한쪽이 하게 된다.

예를 들면 주류는 주로 남편이 구매하게 되나 부인이 상당한 영향력을 구매과정에 행사하게 되고, 가전제품은 부인이 구매하지만 남편이 결정과정에 상당한 영향력을 지니고 있다.

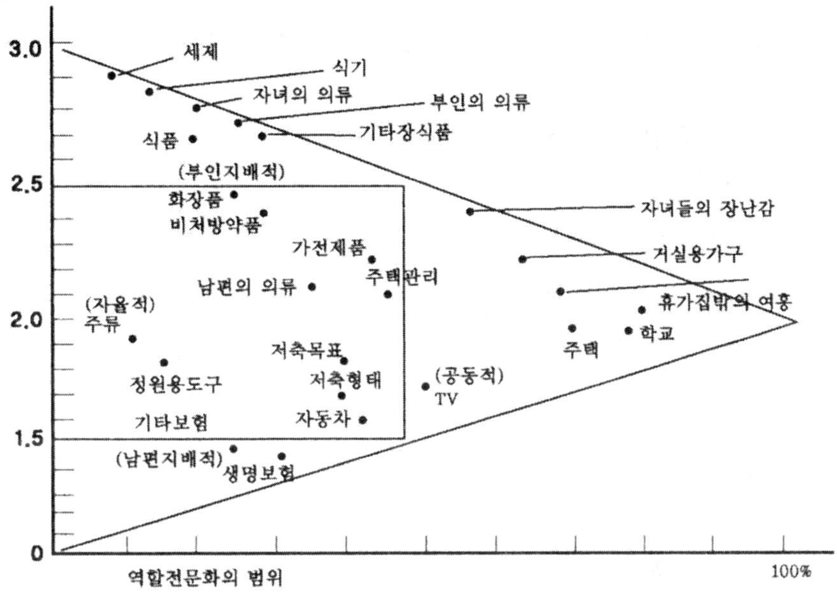

〔그림 9-3〕 가족의사 결정과정에 있어서 남편-부인의 역할

(4) 가족과 관광행동

가족여행은 가족의 중요한 협동적 여가활동이라고 할 수 있으므로 대체로 공동영향에 의한 공동결정의 유형을 보인다고 할 수 있다.

Cunningham에 따르면 여행을 할 것인가 안 할 것인가의 의사결정은 주로 부부 공동의사 결정형태를 취하게 된다고 한다. 그러나 최근의 경향을 보면 급변하는 사회변화 속에서 과업지향적 역할을 수행하는 남편의 역할은 그 자체만으로 상당히 과중한 활동을 요구하게 되어 여행의사결정에 있어 주부의 역할이나 영향력이 상당히 증가함을 볼 수 있다.

McCall의 연구에서 응답자의 50% 이상이 정보수집, 여행사와의 연락, 여행목적지, 숙박시설 등의 결정에 여성이 책임을 맡고 있음을 지적하고 있다.

또한 의사결정에 있어서 점차 증가되는 여성지배 경향은 Smith의 연구에서 나타나는데, 여행계획을 위해 고객의 집에 전화를 걸었을 때 대부분의 남편들이 1차적 계획은 부인이 세우고 있으니 부인에게 의논할 것을 요청하였다. 사전의 여행계획은 부부간에 협의가 되었으나 목적지나 숙박시설·여행경비 등에 있어서의 최종결정은 주부가 결정적 역할을 함을 보여준다. 이러한 여행의사 결정에 있어 증가되는 여성의 영향력은 여행시장 마케터들에게 중요한 변화로 암시될 수 있다.

일반적으로 다음과 같은 가족 특성하에서 구성원의 영향력이 결정되고 있다.

첫째, 일반적으로 교육 정도가 높으면 여행의사 결정시 영향력이 크게 나타난다.

둘째, 가계소득에 기여하는 정도에 따라 영향력이 달라진다. 부인의 소득이 많으면 부인의 영향력이 커지게 된다.

셋째, 직업의 지위가 높고 낮음에 따라서 구성원의 영향력이 다르게 나타난다.

넷째, 사회계층에 따라 영향력이 달라진다.

다섯째, 부인이 직업을 가지면 가족영향 의사결정에서 큰 영향력을 가진다. 이는 취업주부가 남편에게 덜 의존적이고, 남편도 자신의 욕구충족과 목표달성을 위하여 이용할 수 있는 많은 자원을 부인이 통제하고 있다는 것을 인식하게 되어 부인에게 많은 재량권을 부여하기 때문이다.

여섯째, 가족생활주기에 따라 구성원의 영향력이 달라진다. 나이가 많아지고 결혼기간이 점점 길어질수록 의사결정에 대한 영향력은 변화가 일어난다.

Case 10 가족생활주기별 구매의사 결정에서 자녀의 역할

■ 가족생활주기

미혼기에서 출발하여 가정을 이루어 살다가 부부 중 어느 한쪽이 사망하기까지의 제단계

1단계 : 첫 자녀가 초등학생, 또는 그 이하인 가정
2단계 : 첫 자녀가 중·고등학생인 가정
3단계 : 첫 자녀가 대학(전문대 포함)생 이상인 가정

■ 구매의사 결정과정

구매제안 → 정보수집 → 구매결정 → 상표결정

■ 결 과

2, 3단계의 가족생활주기에서 구매의사 결정과정에서 자녀의 역할이 큰 것으로 나타났다. 즉 1단계는 자녀가 너무 어려 자녀의 의사보다는 부모의 의사를 더 반영하는 것으로 보이며, 자녀가 성장할수록 자녀의 의견을 존중하는 것으로 나타났다.

※ 자료원 : 박진영(1997), 〈가족외식구매 의사결정에 있어서 자녀의 역할에 관한 연구〉, ≪관광연구≫, vol.9.

제 10 장

관광 인터넷 소비자행동

10-1 인터넷상에서 관광의 전망과 동향

인류사회의 획기적인 변혁을 안겨준 인터넷은 향후 지속적으로 확대될 것이며, 또한 예측을 뛰어넘은 규모와 모습으로 전개될 것이라는 인식을 할 수 있었다. 또한 많은 조사기관과 학자들의 예측은 그 규모에 있어서 큰 차이를 보이고 있는 것조차 발전의 속도가 예측을 초월하고 있기 때문이지만 분명하고 공통적인 것은 인터넷의 발전과 함께 인터넷에서 획기적인 발전을 이룰 것이라고 예측하는 분야가 관광(또는 여행)이라는 사실이다.

역시 그 예측의 규모에는 차이가 있지만 포레스터 리서치사는 B2B를 예측하면서 그 중 여행분야(Travel)가 2003년에는 약 3조2천억 달러에 달해 전세계 거래물량의 약 5%에 해당할 것으로 예측하고 있다.

미 상무성 공개보고서(The Emerging Digital Economy)는 2000년 온라인 여행상품 판매액은 50억 달러에, 인터넷 사용자의 70%가 향후 여행계획에 인터넷을 사용할 것이라고 하여 인터넷이 여행분야에 가장 공헌할 것으로 보았다.

그밖에 뉴햄프셔 주의 액티브 미디어(Active Media) 연구소도 조사를 통해 네티즌들은 대개 여행을 많이 하며, 여행은 전세계를 대상으로 하는 정보집약적인 사업이고, 인터넷은 어디서도 상품(여행티켓 · 예약 · 스케줄 등)을 쉽게 팔고 전달할 수 있기 때문에 관광과 관련한 분야가 인터넷에서 가장 성공 가능성이 높다고 하였다.

또한 미국 가트너 그룹은 전세계 온라인 여행시장에서 온라인 예약, 티켓할인, 개인맞춤형 여행정보를 제공하지 않는 여행사는 이 시장에서 퇴출될 것이라고 하였다.

이런 전망들은 관광의 확대가 아닌 관광산업에서 인터넷이 주는 영향에 대한 예측이다. 결국 인터넷에 의해 관광산업은 큰 변화를 갖게 될 것이라는 의미이며, 이에 따른 관광관련 기업의 변화가 주목되는 대목이다. 그 변화의 방향은 관광관련 기업들의 비즈니스에 매우 중요한 영향을 끼칠 것이다.

미국여행 산업협회(Travel Industry Association of America)의 2000년 2월 조사를 살펴보면, 미국 성인 중에서 1999년 인터넷을 이용해 여행계획을 세운 적이 있는 사람은 5천2백20만 명으로 3년 전에 비해 15배 가량 늘어났고, 실제 예약은 약 32%인 1천6백50만 명이었으며, 이들 중 약 50%가 1999년 5회 이상 여행을 했으며, 특히 비즈니스 출장을 떠나는 사람들의 사용수치가 높았다고 밝혔다.

즉, 인터넷을 통해 예약하는 네티즌은 주로 비즈니스 고객이며, 또한 여행빈도가 비교적 높아서 여행에 익숙한 사람들이었다. 또한 이들 비즈니스 여행객들의 성향을 살펴보면, 항공권 구입시 고려하는 것은 가격(33%), 회사정책(31%), 여정변경 가능여부(12%)로 나타났다.

성장은 전반적인 모든 기업의 모든 상품에 대한 성장을 약속하는 것이 아니고 그 속에는 인터넷이라는 매체가 가치는 특성에 한정된다는 사실은 매우 중요하다.

10-2 자극-반응 모델의 의의

소비자행동에 대한 분석은 자극에 대해 소비자들이 보이는 반응에 대한 모델인 자극-반응 모델로부터 출발한다.

자극-반응 모델은 소비자에 대한 각종 자극이 소비자라는 블랙박스를 거쳐 구매와 관련된 여러 가지 행동이 결과로써 도출되는데, 여기서 자극과 결과간의 상관관계를 분석함으로써 블랙박스의 모습을 파악할 수 있도록 한다.

[그림 10-1]은 마케팅 자극과 기타의 자극이 소비자의 블랙박스에 들어간 뒤 어떠한 반응이 유발되는가를 보여주고 있다.

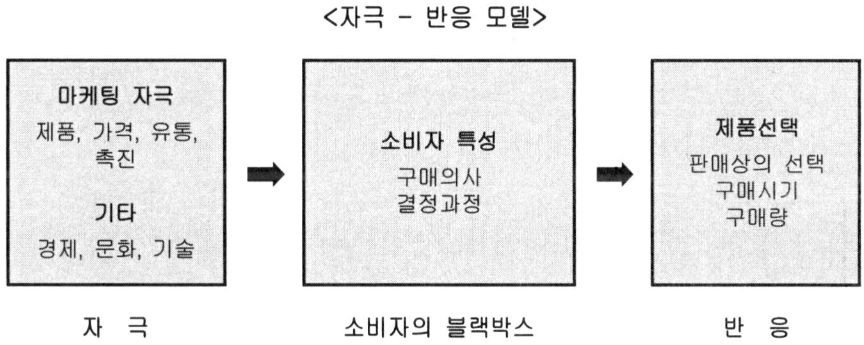

〔그림 10-1〕 자극-반응 모델

(1) 자극의 종류

일반적으로 자극은 크게 마케팅적 자극과 마케팅적 자극이 아닌 기타 자극으로 나눈다. 이런 방식의 분류는 순수한 마케팅적 활동이 고객의 반응에 어떤 영향을 미치는지를 파악하기 위한 목적을 지닌다.

마케팅적인 자극은 기업이 마케딩 활동을 진개하는 4가지 주요 측면인 제품·가격·유통·촉진 등으로 분류되며, 기타 자극은 경제·문화·기술적인 환경이 있다. 그러나 이러한 분류가 절대적인 것은 아니며 기업의 마케팅적 목적에 맞게 재구성할 수 있다.

소비자의 블랙박스 = 소비자 특성 + 구매의사 결정과정

이러한 자극은 소비자의 블랙박스에 들어가 처리가 되어 관찰 가능한 반응이 도출된다. 소비자의 블랙박스는 소비자 특성과 구매의사 결정과정으로 구분된다. 소비자 특성은 연령, 직업, 경제적 상황, 라이프스타일, 개성 등의 개인적 특성이고, 구매의사 결정과정은 소비자들이 어떻게 구매의사 결정을 내리는가에 대한 내용이다.

관찰 가능한 반응은 제품의 선택, 판매상의 선택, 구입시기, 구입량의 결정 등의 형태로 나타나게 된다. 이 관찰 가능한 반응은 기업이 추구하고 있는 마케팅 활동의 목적에 따라 성과를 측정할 수 있는 지표를 사용할 수도 있다.

일반적으로 이용되는 자극-반응 모델은 인터넷 마케팅에도 그대로 적용될 수 있다. 실제 인터넷 마케팅 활동에 대하여 분석하는 외국의 컨설턴트나 기업들은 이러한 자극-반응 모델을 널리 이용하고 있다.

10-3 인터넷 소비자의 구매의사결정 모델

인터넷에서도 마찬가지로 일반적 구매과정을 밟게 된다. 다만 인터넷의 특성상 위에서의 정보탐색과 대체안의 평가 등의 과정이 상당히 신속히 이루어질 수 있고, 구매의사 결정에 필요한 다양한 지원을 제공함으로써 판단의 객관성과 부족한 정보로 인해 발생하는 문제점을 최소화시킬 수 있다는 특징이 있다.

[그림 10-2]에서 구매의사 결정 모델을 그대로 적용하면서 인터넷에서 진행되는 과정을 보다 세부적으로 설명하고자 한다.

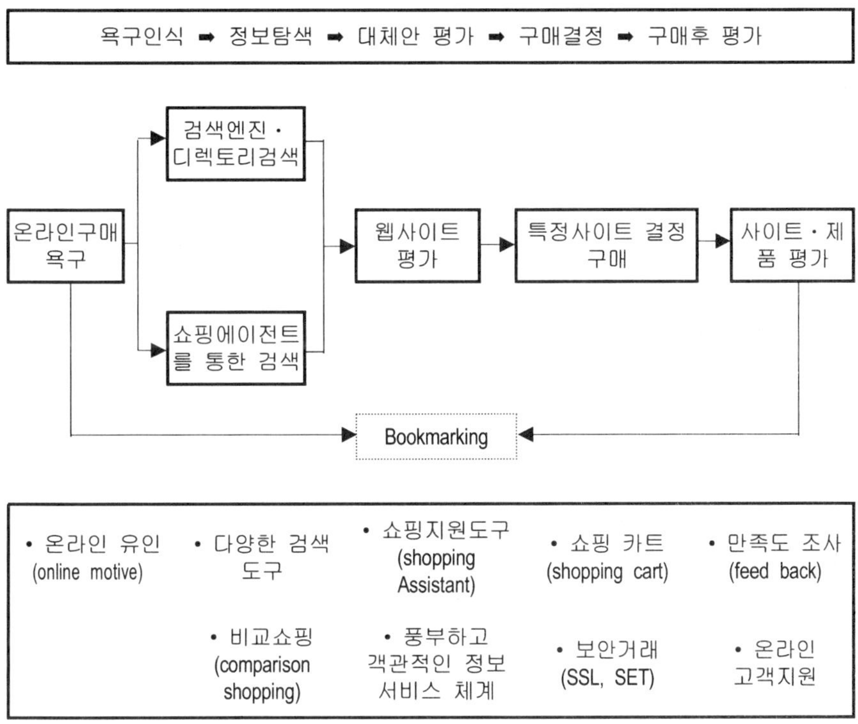

〔그림 10-2〕 인터넷 소비자의 구매의사 결성 모넬

(1) 온라인 구매욕구에서 출발

인터넷에서의 소비자 구매의사 결정과정은 먼저 인터넷을 통해 제품이나 서비스를 구매할 것이라는 온라인 구매욕구에서부터 출발한다. 인터넷에서의 구매는 필요한 정보를 매우 쉽게 찾을 수 있고, 짧은 시간에 편리하게 구매할 수 있으며, 다른 사람의 방해를 받지 않고 쇼핑을 즐길 수 있으며, 가격도 저렴하다는 장점이 있다.

(2) 비교쇼핑 전개

인터넷에서의 구매에 대한 욕구가 있으면 다음으로 검색엔진이나 디렉토리를 찾아 원하는 제품이나 서비스가 존재하는 곳을 검색하게 된다. 검색엔진이나 디렉토리 외에도 필요로 하는 제품이나 서비스에 대한 내용만을 주면 자동적으로 해당 제품이나 서비스에 대한 정보를 찾아주는 쇼핑 에이전트(shopping agent)나 쇼핑 로봇(shopping robot)을 이용하여 검색한다.

이때 인터넷은 특정제품에 대한 가격이나 서비스·배달방법 등에 대한 정보를 비교하면서 쇼핑하게 되는데 이를 '비교쇼핑(comparison)'이라고 한다. 특히 이 과정에서 자신이 구매하고자 하는 제품이나 서비스에 대한 다양한 평가정보를 접하면서 자신의 쇼핑의사 결정기준을 조정하기도 한다.

(3) 구체적 정보수집 및 의사결정과 미래를 위한 북 마크

탐색과정을 거친 다음 몇 곳의 웹 사이트를 선정하게 되는데 이 웹사이트를 집중적으로 검색하면서 자신의 의사결정 요소에 따라 평가한다. 이 과정에서 소비자들은 우수한 사이트에 대해서는 북 마크(bookmarking)를 하게 되며, 이러한 북 마크는 추후 다시 방문할 수 있는 여지를 만들어놓게 된다. 물론 이 과정에서도 웹사이트에서 수집한 정보가 구매자의 의사결정 요소를 변화시킬 가능성도 존재한다.

인터넷 사용자들은 처음에는 많은 웹사이트를 서핑하면서 정보를 수집하나 시간이 지날수록 몇몇 구미에 맞는 유용한 사이트를 선정하여 이들 사이트를 집중적으로 이용하는 경향이 존재한다. 따라서 탐색과정에서 사용자들의 관심을 집중시킬 수 있는 요소를 제공하는 것이 대단히 중요하다.

(4) 구매실시 및 웹사이트 종합평가

대체안에 대한 평가가 종료된 이후에 구매행위가 이루어지는데 이때는 구매하고자 하는 물건을 쇼핑카트에 넣거나 직접 구매한다.

이러한 과정을 거쳐 제품이 고객에게 도달되어 사용된 후에는 이 제품에 대한 평가와 함께 구입을 하게 된 웹사이트에 대해서도 종합적인 평가를 하게 된다.

(5) 사후평가는 거래관계 유지 및 구전효과에 결정적

특히 인터넷에서는 웹사이트에 대한 평가가 중요하다. 그 이유는 웹사이트에서 제공하는 각종 쇼핑 지원체계나 사후관리 서비스 등이 다시 찾을 필요가 있느냐, 아니면 더이상의 관계를 형성할 수 필요가 없느냐를 판단하게 되기 때문이다.

실물세계에서는 주로 사전 마케팅 활동이 중요하나 인터넷이라는 가상세계는 고개의 확보와 유지라는 측면이 더 강조되므로 구매 후의 평가에 매우 유념해야 한다.

최종 소비자가 나쁜 평가를 하게 되면 추가했던 북 마크에 대한 삭제는 물론이고 구전을 통해 악영향을 미치게 되므로 구매 후의 관리에 보다 집중해야 한다. 혹자에 따르면 현실세계에서는 불만족한 고객은 10명 내외의 다른 사람들에게 험담을 하지만 인터넷에서는 수백 또는 수천 명에게 험담을 한다고 말하고 있다.

Case 11 관광축제 정보와 인터넷 마케팅

● 문화관광축제 인터넷 마케팅믹스

인터넷 마케팅 4P 믹스			
상품믹스	가격믹스	촉진믹스	유통믹스
축제 전반적 소개 축제조직위 소개 축제참여 단체소개 축제프로그램 안내 축제일정표 안내 축제주제 안내 축제체험프로그램 안내 특산음식(식당) 안내 축제특산품(상품) 안내	숙박 가격정보 식음료 가격정보 프로그램 이용료 정보 가격할인쿠폰 정보 축제특산품가격정보 축제기념품가격안내	캐릭터 사용 또는 소개 축제관람방법 소개 축제 사진·영상자료 제공 주변연계 관광정보 제공 기후정보 키드(kid)사이트 또는 축제지역 역사교육 정보 방명록(게시판) 유무 외국어 제공	축제장 교통편 축제장 약도 축제 주차장 약도 관광연계여행사 정보 축제 전세버스 또는 전세열차 정보 프로그램 참가자 인터넷 예약 축제특산품 전자주문 숙박이나 주변 관광지 인터넷 예약

● 문화관광축제 웹사이트 내용분석 : 상품정보, 가격정보, 촉진정보, 유통정보

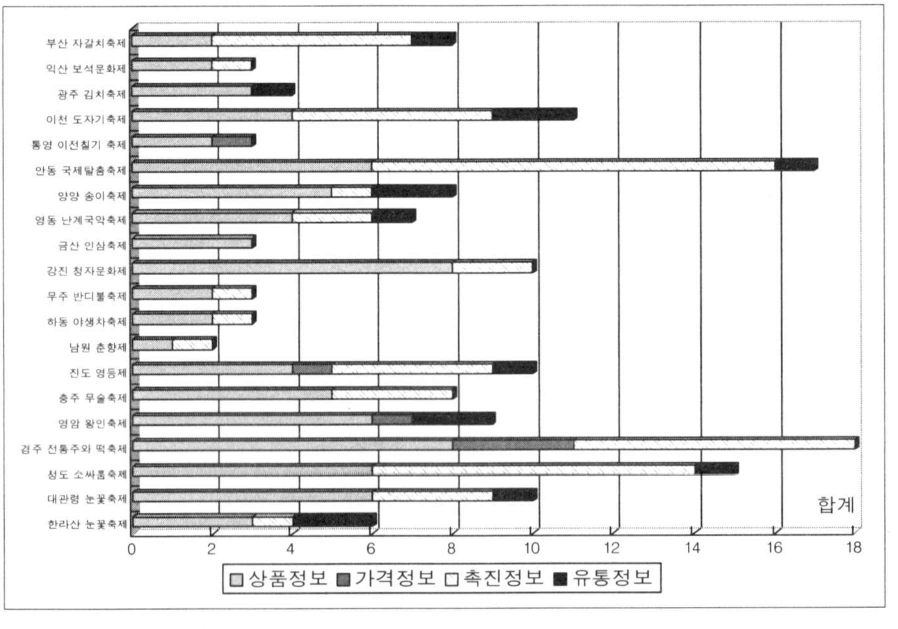

● 요약 :

■ 인터넷 마케팅 믹스 측면에서 4P 요소를 보완

① 상품측면

개략적인 소개와 아울러 '내가 만든 도자기'나 '인삼캐기'와 같은 체험형 축제참여 프로그램 안내와 '송이', '김치'나 '차' 등 주제 혹은 프로그램에 결부된 축제 특산품 정보를 강화하여야 하겠다.

② 가격 측면

고급형 호텔에서 민박에 이르는 숙박가격과 축제에서 즐길 수 있는 지역특산 식음료 가격정보와 '눈꽃축제'에서의 '눈썰매타기'나 '금산인삼축제'의 '체험 프로그램' 등 각각의 프로그램 이용료 정보를 다양하게 다루어야 하겠다.

③ 촉진측면

지속적인 관심과 방문을 위해 필요한 홍보를 제공할 수 있도록 회원가입 정보와 관련축제나 사이트 정보도 함께 다루어야 하겠다.

④ 유통측면

프로그램 참기니 숙박, 주변 관광지에 대한 인터넷 예약을 체계회시켜 방문객의 편의를 제공할 수 있어야 한다.

※ 자료원 : 조현준·이훈(2001), 〈인터넷 마케팅과 관광축제 정보분석〉, ≪문화관광연구≫, vol.3, no.1.

제 11 장

분야별 선택속성

11-1 호텔산업의 선택속성

호텔 연회장의 선택행동은 고객이 연회장을 결정하는 속성에 따라 영향을 받게 되는데, 연회장을 선택하는 과정을 살펴보면 연회장의 선택속성을 자세하게 살펴볼 수 있다.

고객이 연회장을 선택하는 데 중요하게 작용하는 요인을 들면 연회목적, 연회장소, 연회가격, 제공 서비스, 서비스 수준, 참여계층, 연회배치시간, 연회접근성, 주관적 가치, 준거집단의 구전, 이전의 경험 등을 들 수 있다. 이러한 요인들이 고객이 연회장을 선택하는 데 일련의 선택과정을 거쳐 복합적으로 영향을 미치는 것으로 나타나고 있다.

호텔 연회장의 선택속성은 〈표 11-1〉과 같다.

〈표 11-1〉 호텔 연회장의 선택속성

구 분	선택 요인
연회목적	연회목적과 시설에 대한 고객의 주관적 적합성
연회장소	연회장소에 대한 감성적 조화
연회가격	연회가격에 대한 고객의 주관적 감정과의 적합성
제공 서비스	연회 서비스에 대한 고객의 다양성 및 차별화 인지 수준
서비스 수준	연회 서비스에 대한 고객의 만족 수준과 재구매 의도
참여계층	연회의 참여계층과 연회장에 대한 고객의 주관적 적합성
연회배치시간	연회 제공시간에 대한 고객의 주관적 여유
연회접근성	연회장과 연회 참여계층의 접근편의성, 접근시간, 이동편의성
주관적 가치	연회시설과 서비스에 대한 주관적 평가 수준
준거집단의 구전	연회장과 서비스에 대한 준거집단의 구전의도
이전의 경험	연회장과 서비스에 대한 이전의 이용경험과 만족 수준

※ 자료원 : 최주호(2002), 〈호텔 연회장의 선택속성, 기대, 만족, 재구매 및 구전의도간의 영향관계〉, ≪관광・레저연구≫, 제14권 제1호, pp.33-49.

11-2 여행사의 선택속성

여행자가 여행을 결정할 때 여행사를 선택하는 속성에 대한 주요 연구는 〈표 11-2〉와 같다.

〈표 11-2〉 여행사 선택에 관한 연구

연구자	연 구 내 용
Median (1979)	외국인 휴가여행시 여행사 선택속성에 관한 연구 1. 45세 이하(5개 요인) : 의사소통력, 교통과 호텔 서비스의 질, 접근의 편리성, 가격, 다양성 2. 45세 이상(5개 요인) : 교통과 호텔 서비스의 질, 접근의 편리성, 광고, 가격, 예약 서비스
Kendall 과 Booms (1989)	여행사 광고에 대한 반응과 여행사 이용, 고객이 여행사를 차별화할 수 있는 능력에 대한 연구 1. 물리적인 요인과 정보에 대한 기대요인으로 구분 2. 물리적 요인보다는 정보기대가 더 중요하게 평가 3. 여행사 선택시 결국은 단골여행사를 선택
LeBlanc (1992)	여행사 서비스 질에 관한 여행자의 인식도 조사 1. 요인분석 결과 9개 요인, 35개의 하위항목이 도출 2. 기업이미지, 경쟁력, 예절성, 응답성, 접근성, 능력요인이 중요하게 나타남.
JTB (1992)	일본인의 해외여행 실태조사를 통해 여행사 선택속성을 도출 1. 관광 및 신혼·방문여행에서는 좋은 투어가 있어서, 이전부터 이용, 친구 등의 권유의 순으로 중요하게 나타남. 2. 출장·연수여행에서는 근무처에서 지정하는 경우가 매우 높게 나타남.
정찬종 (1993)	여행사 이미지의 형성요인에 대한 연구 1. 요인분석 결과 7개의 요인도출 2. 관광목적, 단체여행은 광고활동요인이 중요하게 나타남. 3. 업무목적, 개인요인은 인적 요인이 중요하게 나타남. 4. 전체적으로 가격요인이 중요
김성혁·전기환 (1996)	여행자의 여행사 선택속성에 관한 연구 1. 요인분석 결과 총 11개 요인 도출(적시성, 능력, 수속편리성, 인적 서비스, 점포충성도, 여행매체, 분위기, 기업이미지, 지명도, 대응성, 접근성) 2. 여행 유경험자는 접근이 용이한 단골여행사 선호. 여행 무경험자는 수속절차시의 편리함과 사무실의 분위기 선호. 3. 관광목적 여행자는 각종 광고 및 선전물과 주위로부터 많은 정보 습득, 사무실 분위기 및 여행사 명성, 규모 중요시. 상용여행자는 접근성을 중요시.

※ 자료원 : 김성혁·전기환(1996), 〈여행자의 여행사 선택속성에 관한 연구〉, ≪관광학연구≫, 제29권 제2호, pp.165-179.

11-3 항공사의 선택속성

〈표 11-3〉 항공사 선택속성 요인 종합

항 목	Alotaibi (1992)	Ostrowski 등(1993)	유초영 (1996)	김경숙 (1996)	Prichard 등(1997)	박진영 (1999)
항공사의 현대적인 시설	○		○			○
항공사 설비의 외관	○		○			○
종사원의 깔끔한 외모	○		○		○	○
외형에서 받은 느낌과 서비스 스타일의 동일성	○				○	
고객과의 서비스 약속시간 준수	○		○		○	○
고객문제 해결을 위해 진실된 자세를 보임	○		○			○
처음부터 올바른 서비스를 제공함	○					○
약속된 서비스를 제공함	○	○	○	○		○
항공사의 무결점정신	○					
정확한 서비스 제공 시간을 알려줌	○					○
즉각적인 서비스 제공	○		○			○
서비스의 자발적 제공	○		○		○	○
손님의 요청에 언제든지 응함	○				○	○
종사원들의 신뢰감	○		○		○	
비행의 안선성	○			○		○
종사원들의 예절성	○		○	○	○	○
종사원들의 전문지식 보유	○		○			
고객 개개인에 대한 관심	○		○		○	○
편리한 비행 스케줄	○		○	○		○
고객의 욕구 파악	○		○			○
고객에게 최대 이익을 주려는 노력	○				○	○

항 목	Alotaibi (1992)	Ostrowski 등(1993)	유초영 (1996)	김경숙 (1996)	Prichard 등(1997)	박진영 (1999)
고객들의 구체적인 요구를 이해	○					
유용한 마일리지 프로그램 보유			○	○		○
다양한 운항노선 보유			○			○
다양한 판촉 프로그램 보유			○			
부대적인 유흥 및 편익시설 보유			○			○
기내통역원이나 지상안내원들 고용			○	○		
경제적인 가격			○	○		○
적절한 시설과 분위기를 보유			○			
승객들의 기록관리			○			
신속한 탑승수속		○		○		○
항공사의 국적				○		○
항공사의 명성 및 이미지				○		○
좌석의 넓고 편안함		○		○		○
기내식의 맛과 질		○		○		○
수화물 배달의 정확성		○		○		○
예약 서비스		○		○		○
항공기의 상태		○				○
항공기 인테리어의 매력성		○				
안전 및 보안요원의 서비스				○		
편리한 온라인 예약시스템 실시						○
무항공권 여행제도 실시						○
타항공사와의 제휴에 따른 혜택						○

※ 자료원 : 박진영, 〈항공사의 서비스 품질과 고객만족이 고객충성도에 미치는 영향에 관한 연구〉, 대구대학교 박사학위논문, 1999.

11-4 스키리조트의 선택속성

〈표 11-4〉 스키리조트 선택속성 요인 종합

항 목	Stynes와 Mahoney (1989)	Mills와 Hodgson (1991)	McNeely와 Masse (1995)	Ormiston 등 (1998)	이정규 등 (1999)
경치(주변관광여건)		○		○	○
식음료시설	○			○	○
다양한 스포츠시설			○		○
리프트 이용요금	○			○	○
리프트 혼잡도	○	○		○	○
리프트 다양성					○
슬로프 다양성					○
슬로프의 성질	○			○	○
슬로프 접근성		○		○	○
스키강습					○
스키대여 가격					○
스키대여 편리성					○
스키장비의 질		○			○
스키장 안전도			○		○
종업원 서비스 수준			○	○	○
오락활동 시설	○	○			○
야간위락활동					○

※ 자료원 : 이정규 · 신우성(1999), 〈스키리조트 선택속성에 관한 연구〉, ≪호텔경영학연구≫, pp.22-37.

11-5 관광지의 속성

관광지 속성의 분류는 연구자나 연구목적에 따라 달라질 수 있으나 대체로 유사하다고 할 수 있다. 학자들이 제시한 관광지 속성을 정리하면 〈표 11-5〉와 같다.

〈표 11-5〉 관광지 속성에 관련된 선행연구

연구자	관광지 속성
J.N. Goodrich (1977)	경치, 지역주민의 태도, 적절한 숙박시설, 휴식 및 긴장해소, 문화에 대한 흥미, 음식, 수상스포츠, 쇼핑시설, 유흥, 골프 및 테니스 등
Var, Beck과 Loftus(1977)	자연적 요소, 사회적 요소, 역사적 요소 오락 및 쇼핑시설, 부대시설 및 숙박시설과 휴식
Riche와 Zine (1978)	8개의 일반속성(자연경관, 문화사회적 성격, 관광지의 접근 가능성, 관광객을 맞는 태도, 부대시설, 물가 수준, 스포츠, 오락시설, 쇼핑 및 상업시설), 12개의 사회문화적 요소(전통, 음식, 역사, 건축양식, 공예품, 오락활동, 예술 및 음악, 언어, 일에 대한 태도, 복장, 교육, 종교)
Antti J. Haahti (1986)	화폐가치, 접근성, 스포츠시설, 심야유흥 및 위락시설, 평화롭고 조용한 휴가, 친근하고 친절한 사람들, 자연공원 및 캠핑, 문화적 경험, 아름다운 풍경, 새로운 목적지
William C. Gartner(1989)	국립공원, 국유림, 주공원, 도시, 역사유적지, 스키, 캠핑, 보트타기, 사냥, 낚시, 구경거리, 문화, 야간유흥, 주민의 친절함, 음주법
김원인(1994)	비일상적 경험을 통한 기분전환 · 긴장해소, 체험을 통한 산교육의 효과, 목적지까지의 용이한 도달, 새롭고 아름다운 경관감상, 다양하고 볼 만한 동식물, 지난날의 추억 · 향수, 비일상적이고 재미있는 특별활동 · 이벤트, 친구 · 친지 · 가족과의 우의 · 사랑증진, 특별하고 좋은 음식, 즐겁고 다양한 쇼핑기회, 경제적 여가활동공간, 안전하고 쾌적한 매력적인 장소 등 12개 요인화
엄서호와 Crompton(1992)	욕구만족 차원(관광지의 기후, 즐거움, 다양성, 행복감, 특별한 야외오락활동, 사람들과의 만남, 도전성, 후식, 매력적인 자연환경), 사회적 차원, 여행능력 차원(금전, 건강, 시간, 안전)으로 구분
이애주(1988)	자연경관에 의한 속성, 사회 및 문화적 속성, 인위적 속성으로 크게 분류하여 스포츠시설, 수상 스포츠 시설, 쇼핑시설, 식음료시설, 오락시설, 숙박시설, 역사문화적 흥미거리, 자연경관, 주민의 친절성, 휴양과 휴식시설 등으로 10개로 구분

※ 자료원 : 저자 정리

11-6 주제공원의 선택속성

주제공원 선택행동의 영향요인은 주제공원 선택속성에 따라 여러 연구에서 다양하게 연구되어왔다. 〈표 11-6〉은 주제공원의 선택속성을 중심으로 주제공원 선택행동의 영향요인을 정리한 것이다.

〈표 11-6〉 주제공원 선택행동의 영향요인

항 목	Luiz Moutinho	Ady Milman	Sharon V. Thach 등	Gordon W. McClung	안호진
접근의 용이성(접근성)	○		○		○
운영시간	○		○		○
이용 가능한 교통수단	○		○		○
주차시설	○		○		○
입장료			○		○
전반적인 가격	○				○
단체할인율			○		
통합입장권	○				○
놀이시설 이용가격			○		○
놀이시설의 다양성	○				○
어린이를 위한 시설	○		○	○	○
통로			○		
산책지역의 유무	○	○	○		○
휴식공간	○				○
운동	○		○		○
대기시간	○				○
인근지역 숙박·쇼핑시설 유무	○		○		○
야간환대 시설		○		○	

※자료원 : 안호진(2001), 〈주제공원 방문객의 선택행동에 관한 연구〉, 동아대학교 석사학위논문.

11-7 축제 서비스품질의 선택 속성

〈표 11-7〉 축제 서비스품질의 선택 속성

	Wick (1993)	Crompton (1997)	Crompton (1995)	Deborah (1997)	이장주 등 (1999)	박승영 (2000)	사휘석 등 (2000)	이환범 등 (2002)
설치물의 매력	○		○	○		○	○	○
안내자 친절	○	○	○			○		○
상품다양성, 가격	○					○		○
음식물품질, 가격	○	○	○	○		○		
프로그램구성	○		○	○	○	○	○	○
프로그램유익	○		○	○	○	○	○	○
즐거움	○				○		○	○
사전정보 일치	○	○			○	○	○	○
안내인쇄물	○							
관람자밀도	○							○
화장실	○							○
주차 용이성	○		○	○	○		○	○
접근성(셔틀버스)		○	○	○	○	○		○
행사장안전		○	○					
행사장청결		○	○	○		○		○
역사(전통)성		○			○		○	○
안내시설		○	○	○	○	○	○	○
장애인 접근시설		○						
상점 친절도		○	○	○			○	
휴게시설		○				○	○	○
체험성		○			○	○	○	○

※ 자료 : 이경희(2003), 〈축세의 서비스품질 평가분석〉, ≪문화관광연구≫, 제5권 제2호, p.34.

참고문헌

[국내문헌]

1. 금경호(2000), 〈관광호텔 관광자의 선택행동에 관한 연구〉, ≪관광경영학연구≫, 관광경영학회, 제10호.
2. 김성혁 · 김상회(1996), 〈노인층의 관광 제약요인에 관한 연구〉, ≪관광학연구≫, 한국관광학회, 20(1), pp.35-51.
3. 김성혁 · 안대희(1998), 〈청소년층의 여행동기에 관한 연구〉, ≪관광연구≫, vol.11.
4. 김성혁 · 전기환(1996), 〈여행자의 여행사 선택속성에 관한 연구〉, ≪관광학연구≫, 제29권 제2호, pp.165-179.
5. 김지현 · 원종혜(2002), 〈여행사브랜드 인지도가 여행사 선택에 미치는 영향〉, ≪관광경영학연구≫, 관광경영학회, 제6권 제3호.
6. 김향자 · 엄서호(1997), 〈휴가목적지 선택결정 요인으로서 지각행동 조절에 관한 연구〉, ≪관광학연구≫, 한국관광학회, 제21권 제1호.
7. 박신자(2000), ≪심리학의 이해≫, 형설출판사.
8. 박정아(2001), 〈패키지 해외상품의 구매행동에 관한 연구 — 대구지역을 중심으로〉, ≪관광학연구≫, 한국관광학회, vol.25, no.1.
9. 박준희(2001), 〈SIT 상품개발을 위한 시장세분화 연구〉, ≪관광경영학연구≫, vol.12.
10. 박중환(1998), 〈호텔고객의 서비스상품에 대한 지각된 위험 연구를 위한 모형탐색〉, ≪산학연구≫, 성심외국어대학, 18(2).
11. 박중환(1999), 〈호텔 서비스에 대한 고객태도 변수들간의 관계연구〉, ≪관광학연구≫, 한국관광학회, 22(3).
12. 박중환(1995), 〈호텔서비스 평가에 관한 연구〉, 동아대학교 대학원 박사학위논문.
13. 박진영 · 윤세환 · 김형섭 · 조규태(2002), ≪관광마케팅≫, 남두도서.
14. 박진영(1999), 〈항공사의 서비스품질과 고객만족이 고객충성도에 미치는 영향에 관한 연구〉, 대구대학교 박사학위논문.
15. 박진영(1994), 〈호텔속성 평가에 관한 연구〉, 계명대학교 대학원 석사학위논문.

16. 박진영 · 박정준(1997), 〈호텔선택에 있어서 지각된 위험에 관한 연구〉, ≪관광연구≫. 대한관광경영학회, 제8집.
17. 박진영(1997), 〈가족외식 구매의사결정에 있어서 자녀의 역할에 관한 연구〉, ≪관광연구≫, vol.9.
18. 박진영 · 김영규 · 권정택(2001), 〈관광지 속성을 이용한 사찰관광지의 포지셔닝에 관한 연구〉, ≪구미1대학 논문집≫.
19. 서태양 · 차석빈(2000), ≪여가론≫, 대왕사.
20. 손대현(1983), 〈우리나라 관광사업의 마케팅에 관한 실증적 연구〉, 고려대학교 대학원 박사논문, p.57.
21. 신재형(1995), ≪교육행정 및 경영≫, 서울: 교육과학사, p.118.
22. 안종윤(1988), 〈바람직한 건전국민 국내관광방안의 실증적 연구〉, ≪관광학연구≫, 제12호(5권), 한국관광학회, p.182.
23. 안호진(2001), 〈주제공원 방문객의 선택행동에 관한 연구〉, 동아대학교 석사학위논문.
24. 유동근(1992), ≪소비자행동론≫, 미래경영.
25. 이경희(2003), 〈축제의 서비스품질 평가분석〉, ≪문화관광연구≫, 제5권 제2호, p.34.
26. 이정규 · 신우성(1999), 〈스키리조트 선택속성에 관한 연구〉, ≪호텔경영학연구≫, pp. 22-37.
27. 이정규(1996), 〈관광지 이미지에 관한 실증적 연구(설악산권을 대상으로)〉, ≪관광정책학≫, 한국관광정책학회, vol.2, No.1.
28. 이종운(1987), 〈소비자 구매행동요인분석에 관한 연구〉, 영남대학교 석사학위 논문, p.67.
29. 이태희(1997), 〈한국 관광지 이미지 측정척도의 개발〉, ≪관광학연구≫, 한국관광학회, vol.20, No.2.
30. 이학식(1990), 〈소비자 정보처리에 대한 관여도와 광고유형의 조정적 역할〉, ≪경영학연구≫, 한국경영학회, 제19권 제2호, p.100.
31. 임종원 · 김재일 · 홍성태 · 이유재(1999), ≪소비자행동론≫, 경문사.
32. 정용악 · 주상욱 · 박홍식(2002), 〈관광행동과 장애요인 : 한일 공무원을 중심으로〉, ≪문화관광연구≫, 제4권 2호, pp.459-470.
33. 조문식(2001), 〈제천청풍문화제 단지의 이미지 측정에 관한 연구〉, ≪관광서비스연구≫, 관광서비스학회, 제1권 제1호.
34. 조문식(2001), 〈제천지역 관광객의 관광행동특성 연구〉, ≪관광경영학연구≫, vol.9.
35. 조성애(1998), 〈한국에 대한 관광이미지 연구〉, 경희대학교 석사학위논문.
36. 조현준 · 이훈(2001), 〈인터넷마케팅과 관광축제정보분석〉, ≪문화관광연구≫, vol.3 No.1.
37. 조현호 · 정병웅(1996), 〈해외관광 행동동기에 미치는 준거집단의 영향에 관한 연구〉,

≪Tourism Research≫, 제9호, p.177.
38. 최병용(2000), ≪소비자행동론의 이해와 적용≫.
39. 최주호(2002), 〈호텔연회장의 선택속성, 기대, 만족, 재구매 및 구전의도간의 영향관계〉, ≪관광·레저연구≫, 제14권 제1호, p.33-49.
40. 채서일(1993), ≪마케팅≫, p.153-158
41. 홍성태(1994), ≪소비자 심리의 이해≫, 나남출판.
42. 한경수(1990), ≪관광객행동론≫, 형설출판사.
43. 박진영(2000), 〈관광산업에 있어서 관여와 충성도의 관계 연구〉, ≪관광이벤트연구≫, vol.3, p.79.

[국외문헌]

1. 鈴木忠義編, ≪現代觀光論≫, 有斐閣 雙書, 1986.
2. A.D. Szilgy, Jr. and M J. Wallace, Jr., *Organizional Behavior and Performance*, 3rd ed, Glenview, Ⅲ.: Cott, Foresman and Company, 1983, p.80.
3. Angela M. Rushton and David J. Carson, "The Marketing of Service : Managing the Intangibles", *European Journal of Marketing*, 23(8)(1989).
4. Brayley, R.E.(1990), "An Analysis of Destination Attractiveness of The Use of Psychographics and Demographics in Segmentation of The Within-state Tourism Market", Unpublished Doctoral Dissertation, Texas A&M University.
5. Cohen, E., 1974, "Who is a Tourist? - A Conceptual Clarification", *Sociological Review*, vol.22, p.527
6. C.R. Rogsers, *Client-centered Therapy : Its Current Practice, Implication and Theory*, Boston : Houghron Miffin, 1951, p.141.
7. D. Fodness, Measuring Tourist Motivation, *Annals of Tourism Research*, 21, 3, 1994, p.555
8. Dornald E. Lundberg, *The Tourist Business*, CBI, 1974.
9. Donald F. Cox, *Risk Taking and Information Handling in Consumer Behavior*(Boston: Harvard University Press, 1967).
10. G.M.S. Dann, "Tourism Motivation : An Appraisal", *Annals of Tourism Research*, vol.8, No. 2, 1981. pp.184~194.
11. H.E. Spence, J.F. Engel, and R.D. Blackwell, "Perceived Risk in Mail Order and Retail Store Buying", *Journal of Marketing Research*(August 1970).
12. H.H. Kassarijian, and T.S. Robertson, *Perspectives in Consusmer Behavior*, Scott:

Foresman & Co., 1986, p.5.

13. Iso-Ahola, *The Social Phychology of Leisure and Recreation*, Iwoa:William Brown, 1982.
14. Jafar Jafari, "Tourism Models: The Sociocultural Aspects", *Tourism Management*, June, 1987, p.151.
15. John L. Crompton, "A System Model of Tourists Destination Selection Process with Particular Reference to the Roles of Image and Perceived Constraints", Texas A & M University, 1977 및 Arlin Epperson, "Why People Travel", *Leisure Today*, 1983, p.45.
16. John L. Crompton, "Motivation for Pleasure Vacation", *Annals of Tourism Research*, vol.6(4), 1979, pp.408~424.
17. John A. Thomas. "What Makes People Travel", *ASTA Travel News*, 1964, pp.64~65.
18. John Swarbrokke and Susan Horner(1999), *Consumer Behavior in Tourism*, Butterworth-Heinemann.
19. Keith B. Murray and John L. Schlacter, "The Impact of Services versus Goods on Consumers' Assessment of Perceived Risk and Variability," *Journal of the Academy of Marketing Science*, 18(1)(Winter 1990).
20. Lloyd E. Hudman and Donald E. Hawkins, *Tourism in Contemporary Society: An Introductory Text*, Prentice Hall, 1989, pp.37-49.
21. Myers, D.G.(1986), *Psychology*, New York : Worth Publishers, Inc.
22. Ostlund, L.E., 1973, *Role Theory and Group Dynamics in Consumer Behavior*, eds., S. Ward and T.S. Robertson, Prentice Hall, Inc., Englewood Cliffs, N.J., p.233.
23. P.L. Pearce, "The Social Psychology of Tourist Behavior", *Experimental Social Psychology*, 3(Oxford : Pergamon Press, 1982), P.50.
24. R.A. Bauer, "Consumer Behavior as Risk Taking," in R. S. Hancock(ed.), *Dynamic Marketing for a Changing World*(Chicago: American Marketing Association, 1960).
25. R.C. Mill and A.M. Morrison, The *Tourism* System, Englewood Cliffs, N. J. : Prentice-Hall, 1985),: J. Gnoth, "Tourism Motivation and Formation", *Annals of Tourism Research*, 24(1977), p. 799.
26. R.D. Reid, *Hospitality Marketing Management*(New York : Van Nostrand Reinhold, 1989), p.163.
27. R.F. Campbell, *Introduction to Educational Administration*, 6th ed, Boston : Allan and Bacon, 1983).
28. Seymour M. Gold, *Recreation Planning & Design*, McGraw-Hill Book Co., 1980.
29. Mark R. Greene and Oscar N. Serbein, *Risk Management*, 2nd(ed.)(Western

Virginia: Prentice-Hall, 1983).

30. Richard J. Lutz, "The Role of Attitude Theory in Marketing", in Harold H. Kassarjian and Thomas S. Robertson, eds., *Perspecttives in Consumer Behavior*, 3rd ed.(Glenview, Ill.: Scott, Foresman, 1981).
31. William D. Wells and Geogre Guber(1966), "Life Cycle Concept in Marketing Research", *Journal of Marketing Research*, 3(November).
32. 로버트 B. 세틀, 파멜라 L. 알렉, ≪소비의 심리학≫, 세종서적, 2003.
33. 후카모리 모토후미, ≪하룻밤에 읽는 심리학≫, 중앙M&B, 2003.

찾아보기

관광객 행동의 이해

3판 5쇄 발행　2019년 9월 10일

저　자　박진영 · 홍경옥 · 서보익
발행인　남　승　우

발행처　남두도서

서울시 동작구 사당로9가길 6(사당동)
TEL : (02)595-1692~4
FAX : (02)595-1394
E-mail : namdoo6@unitel.co.kr
신고 : 5-76호 (1998. 11. 4)

정가 20,000 원

ISBN 978-89-5780-102-4　93980

〈디자인〉 편집 이선경 / 표지 토틀컴